Bettina C. Huber

WIR vom Jahrgang 1976

Kindheit und Jugend

Wartberg Verlag

Impressum

Bildnachweis:
Privatarchiv Bettina C. Huber: S. 5, 6, 8 (2), 10–18, 22–27, 28 u., 29 o., 30 u., 33–42, 44, 45, 48 (2), 49, 52 u., 53, 57 (2), 58, 60–63; Privatarchiv Rienäcker: S. 7; ulllstein – Firo Sportpressefoto: S. 9; PixelQuelle.de: S. 17, 43; ullstein – AP: S. 19; Privatarchiv Matthias Rickling: S. 28 o.; Playmobil: S. 29 u.; Privatarchiv Miriam Lücke: S. 30 o.; Sammlung Daniel Stroscher, Hannover: S. 32; ullstein – C. T. Fotostudio: S. 46; ullstein – Seyboldt: S. 47; ullstein – Werek: S. 51; ullstein – Bonn-Sequenz: S. 54; Stadtbildstelle Essen: S. 55; ullstein – KPA: S. 59.

Weitere Bilder wurden folgenden Publikationen entnommen:
Popcorn, Ausgabe November 1986: S. 52 o.

**Wir danken allen Lizenzträgern für die freundliche Abdruckgenehmigung.
In Fällen, in denen es nicht gelang, Rechtsinhaber an Abbildungen zu ermitteln, bleiben Honoraransprüche gewahrt.**

2. Auflage 2008

Gestaltung und Satz: Ravenstein und Partner, Verden; S. Voßwinkel, Berlin
Druck: Hoehl-Druck Medien + Service GmbH, Bad Hersfeld
Buchbinderische Verarbeitung: Buchbinderei Büge, Celle

34281 Gudensberg-Gleichen • Im Wiesental 1
Telefon: 0 56 03/9 30 50 • www.wartberg-verlag.de
ISBN: 978-3-8313-1576-5

VOR-
WORT

Liebe 76er!

In den 80ern wurden wir groß und in den 90ern erwachsen – langweilig wurde es dabei nie! Nach zahlreichen Eighties-Revivals kommen langsam sogar die ersten 90er-Partys ins Rollen – jede Menge Gelegenheiten, sich an die Kindheit und Jugend zu erinnern. Vieles hat sich verändert, vor allem wir selbst, die wir seither die unterschiedlichsten Wege gegangen sind. Doch wenn wir uns gemeinsam an früher erinnern, gibt es eine Menge, was uns eint. Wir sind in der Ära des „ewigen Kanzlers" Kohl aufgewachsen, haben aus kindlicher bzw. jugendlicher Perspektive historische Ereignisse wie die deutsche Wiedervereinigung und den Sieg bei der WM 1990 miterlebt – aber auch Katastrophen wie Tschernobyl und die Golfkriege.

Neben dem Weltbewegenden sind es jedoch vor allem die kleinen Dinge, die uns das Gefühl geben, vom selben Schlag zu sein, nämlich „echte 76er": Erinnert Ihr Euch noch an Dolomiti-Eis, Netzhemden und BRAVO-Starschnitte? Oder an das Pop-Trio Bros, an „Dirty Dancing" und die Weihnachtsserien „Silas", „Patrick Pacard" und „Anna"? Wisst Ihr noch, wie begeistert wir vorm C64 saßen und „Pac Man" spielten, wie stolz wir auf unseren ersten CD-Player waren und wie erwachsen wir uns bei unserer Interrail-Tour fühlten? Und wie befremdet und zugleich fasziniert wir von der ersten Techno-Party waren?

Das waren noch Zeiten, als es keine iPods, DVDs und schon gar keine Handy-Manie gab. Als wir unsere Klassenfahrt-Fotos noch ins Album klebten, statt sie auf der Festplatte zu vergessen. Und als wir (zumindest die Mädchen!) noch Briefpapier sammelten, um ellenlange Briefe mit der Hand zu schreiben, anstelle der heutigen flüchtigen E-Mails. Ein Hauch Nostalgie ist wohl unvermeidlich, wenn man sich zurückerinnert. Manches mag aber auch befremdlich wirken – vor allem im Bereich der Mode gibt es einiges, was man erfolgreich verdrängt hat und gar nicht mehr so genau wissen möchte (... haben wir wirklich damals die Hosenbeine unserer Karottenjeans in die Tennissocken gestopft?!). Vor allem aber macht es großen Spaß, zurückzudenken! Und es hat einen positiven Nebeneffekt: Es ist wie mit dem Aufräumen und Sortieren zugekramter Schubladen – man hat danach das gute Gefühl, die Dinge geordnet und sich Überblick verschafft zu haben. Viel Vergnügen beim Lesen!

Bettina C. Huber

Bettina C. Huber

Hallo, da sind wir!

1976–1978

Das 1. bis 3. Lebensjahr

Babyfreuden im Deutschen Herbst

Wir 76er dürfen uns zunächst einmal mit keiner geringeren Schlagzeile schmücken, als dass die Weltbevölkerung just in unserem Geburtsjahr die 4-Milliarden-Grenze überschritt – einer von uns könnte also bei seiner Geburt rein theoretisch für diesen gigantischen Zahlenwechsel verantwortlich gewesen sein!

In unserem übersichtlichen Penatencreme-Universum spielte sich das Bevölkerungswachstum freilich nur im ganz kleinen Maßstab ab, die 4 Milliarden tangierten uns nicht. Von den gesellschaftlichen Entwicklungen, die sich Mitte der 70er Jahre vollzogen, betraf uns Winzlinge vor allem die seit einigen Jahren voranschreitende Frauenemanzipation, mit der ein neues weibliches Selbstbewusstsein verbunden war. Unsere Mütter wollten mehr eigene Gewissheit über ihren Körper, mehr „Körperkompetenz", und sie wünschten sich eine natürliche und wenig(er) technisierte Geburt. Durch diese neuen Ansprüche und Erwartungen kam Bewegung in die Diskussion um Schwangerenvorsorge, Geburtsmöglichkeiten und Nachsorge. Dazu gehörte auch, dass unseren Vätern die Tür des Kreißsaals nicht mehr unbedingt vor der Nase zugemacht wurde, sondern dass sie die Möglichkeit erhielten, bei unserer Geburt dabei zu sein. Zahlreiche deutsche Krankenhäuser übernahmen zudem das sogenannte „Rooming-in"-Prinzip der Amerikaner, d. h. wir wurden in unseren kleinen Bettchen direkt nach der Geburt ins Krankenzimmer unserer

Chronik

21. Januar 1976

In der zivilen Luftfahrt beginnt eine neue Ära: Die Concorde nimmt als erstes Flugzeug mit doppelter Schallgeschwindigkeit den Liniendienst auf: Paris – Dakar – Rio de Janeiro.

9. Mai 1976

Ulrike Meinhof nimmt sich im Gefängnis Stuttgart-Stammheim das Leben. Sympathisanten der bundesdeutschen Terroristenszene versammeln sich zu Protestkundgebungen. Sie geben dem Staat zumindest eine Mitschuld an Meinhofs Tod, denn sie betrachten Isolationshaft als Folter.

1. Februar 1977

Die erste Ausgabe der Frauenzeitschrift EMMA erscheint, herausgegeben von Alice Schwarzer. Die Emanzipationsbewegung hat ein Sprachrohr bekommen, welches dem (noch) gängigen Bild der betulichen Hausfrau eine Menge entgegenzusetzen hat.

16. August 1977

Mit nur 42 Jahren stirbt Elvis Presley, der König des Rock 'n' Roll, an Herzversagen. Die Nachricht verbreitet sich wie ein Lauffeuer um die Welt, und der amerikanische Präsident Jimmy Carter erklärt, dass der Tod Presleys das Land „eines Teils seiner selbst" beraubt habe.

5. September 1977

Hanns Martin Schleyer wird entführt. Es herrscht Ausnahmezustand in der BRD, Bundeskanzler Schmidt und sein Krisenstab stehen vor einer schweren Bewährungsprobe.

26. Juli 1978

Das erste Retortenbaby wird in der Nähe von London zur Welt gebracht. Die Geburt dieses im Reagenzglas gezeugten Kindes löst einen beispiellosen Medienrummel aus.

26. August 1978

Der DDR-Kosmonaut Sigmund Jähn landet als erster Deutscher im All. Nach acht Tagen kehrt er unversehrt zurück zur Erde.

Kaum auf der Welt und schon hinter Gittern

Mutter geschoben und durften bei ihr sein. Damit stand in engem Zusammenhang, dass das Stillen zunehmend wieder ärztlich empfohlen und für die Gesundheit des Babys als förderlich angesehen wurde.

Als wir das Krankenhaus verlassen durften und in den heimischen vier Wänden angekommen waren, profitierten unsere Mütter – zunächst unter skeptischen Blicken unserer Großmütter – von einem neuen revolutionären Produkt, den Pampers, welche auf dem besten Weg waren, die Stoffwindel abzulösen. Wie in so vielen Bereichen herrschte natürlich auch hier nicht ungetrübte Einigkeit. Da Mitte der Siebziger ein ausgeprägtes ökologisches Denken auf dem Vormarsch war, das sich durch nichts mehr aufhalten lassen sollte, entfachte sich eine heftige Diskussion darüber, ob ein solcher Plastikwindel-Müllberg überhaupt legitimierbar sei. Zudem rechneten die Pampers-Gegner den Befürwortern vor, wie unverhältnismäßig es sei, dass die Nahrung für ein Baby letztlich genauso viel koste, wie deren „Entsorgung" nach der Ver-

Erste Annäherungen: Jahrgang 1976 und Jahrgang 1974

dauung. Die gewitzte Standardantwort war in der Regel, dass das tägliche Einweichen und Waschen der vermeintlich umweltfreundlicheren Stoffwindeln einen Strom-, Wasser- und Waschmittelverbrauch voraussetze, den man unter ökologischen Gesichtspunkten erst recht nicht verteidigen könne. So ging es hin und her und die Pampers setzten sich schließlich doch durch. Sie waren einfach praktischer in der Handhabung.

Mit mindestens ebenso viel Leidenschaft war die Pro/Contra-Diskussion um fertige Babynahrung im Schwange – Milupa, Hipp und Alete versus Muttermilch und Selbstgekochtes. Fanden die Frauen es einige Jahre zuvor noch ungeheuer praktisch, ihrem Neugeborenen das Fläschchen zu reichen, so setzte man wieder auf die Vorteile der abwehrkräftestärkenden Muttermilch und viele misstrauten aus Angst vor Spritzgiften wie beispielsweise Nitrofen auch dem Inhalt der Baby-Gläschen. Hätte dieses Misstrauen uns doch wenigstens um den Verzehr des völlig überschätzten Spinats gebracht! Aber nein, der Irrglaube, das grüne Gemüse sei eine überdurchschnittliche Nährstoff- und vor allem Eisenquelle, hielt sich beständig und bescherte uns unliebsame „Fütterungen" – und unseren Müttern jede Menge Arbeit, da sie nach den Mahlzeiten nicht selten die Küche und uns Kinder grundreinigen mussten. Rahmspinat ließ sich nämlich hervorragend durch die Gegend spucken.

Und diese Biene, die ich meine, die heißt Maja

In dem Jahr, in dem wir das Licht der Welt erblickten, hatte auch eine liebenswerte kleine Biene ihren ersten Auftritt. Am 9. September 1976 schwirrte sie zum ersten Mal über den ZDF-Bildschirm: Biene Maja, die vielleicht berühmteste Biene der Welt, nach der wunderbaren literarischen Vorlage Waldemar Bonsels, welche erstmals 1912 bei Rütten &

Loening erschien und in über 40 Sprachen übersetzt worden war. Für die erfolgreiche Trickserie wurden einige neue Figuren geprägt, vor allem Majas treuer und ziemlich tollpatschiger Freund Willi, dem Eberhard Storeck durch seine prägnante Stimme einen unverwechselbaren Charakter gab. Aber auch die geschwätzige Maus Alexander und der altkluge Grashüpfer Flip kamen hinzu. Zum veritablen Ohrwurm wurde die deutsche Titelmusik, sie stammte von Karel Svoboda und wurde von niemand Geringerem gesungen, als von Karel Gott. Ein internationales Team arbeitete an der Realisation der Serie: Die Redaktion saß in Mainz und München, die Autoren und Designer arbeiteten in Los Angeles und die Animatoren, die Regie und die Produktionsleitung waren im Trickfilm-Mekka Tokio tätig. Die neugierige und mutige kleine Biene Maja ist längst ein Klassiker des Zeichentricks, wahrscheinlich ist nur Micky Maus noch etwas berühmter...

Das Jahr des Terrors

Das Jahr 1977 war für die Bundesrepublik ein Jahr des Terrors. Zwar hatte die RAF („Rote Armee Fraktion") mit ihrer Kriegserklärung an den bundesdeutschen Staat zu keinem Zeitpunkt die Zustimmung der Bevölkerung gewinnen können, jedoch schuf sie mit ihren grausamen terroristischen Anschlägen in Deutschland eine Art Bürgerkriegsklima, das 1977 im sogenannten „Deutschen Herbst" eskalierte. Am 7. April ermordete die RAF Generalbundesanwalt Siegfried Buback und am 30. Juli bei einem gescheiterten Entführungsversuch den Chef der Dresdner Bank Jürgen Ponto. Darauf folgten Bombenanschläge auf Justizgebäude in Karlsruhe und Kaiserslautern. Am 5. September brachte die RAF Hanns Martin Schleyer in ihre Gewalt, den Präsidenten des Bundesverbandes der Deutschen Industrie (BDI) und der Bundesvereinigung der Deutschen Arbeitgeberverbände. Bundeskanzler Helmut Schmidt konstatierte die „bisher schwerste Krise des Rechtsstaats", als er sich auf die harte Bewährungsprobe gestellt sah, den Erpressungsversuchen der RAF mit Entschiedenheit zu widerstehen. Die Lage spitzte sich dramatisch zu, als Mitte Oktober ein arabisches Terror-Kommando die vollbesetzte Lufthansa-Maschine „Landshut" nach Mogadischu (Somalia) entführte, um der Forderung nach Freilassung inhaftierter RAF-Terroristen, unter ihnen Gudrun Ensslin, Andreas Baader und Jan-Carl Raspe, Nachdruck zu verleihen. Der Anti-Terror-Einheit „GSG 9" gelang am 18. Oktober die Befreiung des gekaperten Flugzeugs, wobei drei der Terroristen getötet wurden. Die RAF erschoss daraufhin Hanns Martin Schleyer, dessen Leiche am Folgetag aufgefunden wurde. Ungefähr zeitgleich begingen Gudrun Ensslin, Andreas Baader und Jan-Carl Raspe im Hochsicherheitstrakt des Gefängnisses Stuttgart-Stammheim Selbstmord.

Ideale Spielwiesen für die Kleinen: Dänemark

Der Farb- und Musterwahnsinn der 70er Jahre

Dänische Kekse und schwedisches Design

Ende der 70er hatten viele junge Eltern keine Lust mehr, ihren Sommerurlaub auf dem Teutonengrill an der italienischen Adria zu verbringen und mochten sich auch nicht an der spanischen Costa del Sol wie die Ölsardinen an den Strand quetschen. Die Ferien-Neuentdeckung war damals Dänemark, das mit dem Auto und dem Nachwuchs auf dem Rücksitz gut zu erreichen war und sommerliches Strandvergnügen bei nicht ganz so hohen Temperaturen versprach. Urlaub in Dänemark galt als ausgesprochen kindgerecht. Besonders angetan waren unsere Eltern davon, in jeder noch so unspektakulären Gaststätte (man steuerte hauptsächlich Self-Service-Restaurants an, da die dänische Krone sehr stark und somit alles andere zu teuer war) einen Kinderstuhl angeboten zu bekommen und sie genossen das Gefühl, mit Kleinkindern überall hochwillkommen zu sein. Wir Kinder ließen uns die dänischen Hot Dogs, Kekse und warmen Pölser schmecken, die unseren Kinderzungen schmeichelten. Die Ferienwohnungen waren angenehm hell und luftig eingerichtet und somit eine wohltuende Abwechslung zu braun-orange gemusterten Vorhängen, dunklen Teppichen und Sofas. Überall dominierte helles, freundliches Holz und es gab herrliche Rattan- und Korbmöbel. Das skandinavische Wohndesign war im Begriff, den deutschen Geschmack auf seine Seite zu ziehen. Aus dem Urlaub brachte man sich Tassen und Besteck oder Blumenvasen mit, da man begeistert war von den klaren und reinen Formen, die man in deutschen Einrichtungshäusern lange suchen konnte. Alles, was nicht skandinavischem Design entsprang, empfand man zunehmend als schnörkelig-spießig. Doch leider waren die nordischen Wohnobjekte meist zu teuer, um sich komplett damit einzurichten. Die Nachfrage war also längst in großem Maße vorhanden, als ein Konzern seinen Siegeszug antrat, der schwedisches Design zum Abholpreis bot: IKEA begann, sich in Deutschland auszubreiten. Die zuerst eröffnete Filiale bei München reichte längst nicht aus, um den gesamtdeutschen Bedarf an Billy, Ivar oder Sten zu stillen, und so breiteten sich die blau-gelben Möbelhäuser langsam in der ganzen Republik aus. Damals ahnte man noch nicht, dass der zunächst für besonders individualistisch gehaltene IKEA-Stil einem neuen Uniformismus Vorschub leisten würde: Unsere Jugendzimmer glichen sich später zum Teil wie ein Ei dem anderen, denn wir waren schließlich alle mit unseren Eltern bei IKEA gewesen, um sie auszustatten.

Johannes Paul II.

Innerhalb eines Jahres kam es zur zweiten Papstwahl: Nach dem Tod von Papst Paul VI. starb sein Nachfolger Papst Johannes Paul I. nach nur 34-tägigem Pontifikat. Am 16. Oktober 1978 wurde der Krakauer Kardinal Karol Wojtyla zum Papst gewählt – eine Sensation, denn er war das erste nicht-italienische Oberhaupt der katholischen Kirche seit mehr als 450 Jahren und der erste polnische Papst überhaupt. Karol Wojtyla nannte sich Papst Johannes Paul II. und stritt für eine behutsame Erneuerung und Öffnung der katholischen Kirche. Papst Johannes Paul II. sollte für uns 1976er unsere gesamte Kindheit und Jugend hindurch und bis ins Erwachsenenleben als feste Größe dazugehören. Er war der Papst mit der längsten historisch belegbaren Amtszeit. Er verstarb am 2. April 2005.

Michael Ballack

Prominente 76er

4. Jan.	**August Diehl,** deutscher Schauspieler
25. März	**Wladimir Klitschko,** ukrainischer Boxer
31. März	**Colin Farell,** irischer Schauspieler
6. Juli	**Curtis Jackson** alias 50 cent, amerikanischer Rapper
10. Juli	**Lars Ricken,** deutscher Fußballspieler
15. Juli	**Diane Kruger,** deutsche Schauspielerin
25. Aug.	**Jan Delay** deutscher Musiker, „Beginner"
22. Sep.	**Ronaldo,** brasilianischer Fußballspieler
26. Sep.	**Michael Ballack,** deutscher Fußballspieler
4. Okt.	**Alicia Silverstone,** amerikanische Schauspielerin
12. Nov.	**Judith Holofernes,** deutsche Musikerin, „Wir sind Helden"
15. Nov.	**Virginie Ledoyen,** franz. Schauspielerin und Model
22. Nov.	**Torsten Frings,** deutscher Fußballspieler

1979-1981

Die sorglosen Jahre: Ernie, Bert und Dolomiti

Das 4. bis 6. Lebensjahr

Schneeorkan und Schlittenpartie

1979 gab es den Jahrhundertwinter, den schneereichsten überhaupt seit Beginn der Wetteraufzeichnung. Im Februar kam es zu einer schweren Schneekatastrophe in Norddeutschland. Der Wetterbericht kündete ab dem 12. Februar in regelmäßigen „Front-Berichten" vom Vorrücken der kalten Luftmassen aus Skandinavien, die auf die Warmluft in Mitteleuropa zu treffen und die Schneekatastrophe auszulösen drohten. Und tatsächlich ließen schon bald darauf orkanartige Schneestürme Schleswig-Holstein und Teile von Niedersachsen unter den Schneemassen ächzen. Schneehöhen von bis zu vier Metern machten Straßen und Schienenverkehr unmöglich. Bis zu 18 Stunden warteten eingeschneite und im Stau steckende Autofahrer auf der Autobahn Hamburg – Hannover, bis Hilfe kam. Einzelne Höfe und kleine Dörfer wurden völlig von der Außenwelt

Als es noch Schnee zur Genüge gab

Chronik

1. Februar 1979
Schiitenführer Khomeini kehrt aus dem Exil in den Iran zurück. Von Menschenmassen umjubelt proklamiert er die Islamische Republik.

10. Dezember 1979
Mutter Theresa, die indische Ordensschwester albanischer Herkunft, erhält in Oslo den Friedensnobelpreis für ihre großen Verdienste in den Slums von Kalkutta.

3. Dezember 1979
Der US-Dollar sinkt auf den niedrigsten Stand seit 1948 und notiert nur noch 1,71 DM. Trotz rapider Kursverluste bleibt er das Hauptzahlungsmittel der westlichen Welt.

23. März 1980
Die soeben gegründete Bundespartei „Die Grünen" verabschiedet die programmatischen Grundsätze ihrer Politik. In der Präambel werden die vier Kernpunkte ökologisch, sozial, basisdemokratisch und gewaltfrei ausgeführt.

4. November 1980
Ronald Reagan wird US-Präsident. Überraschend klar setzt er sich gegen den amtierenden Präsidenten Jimmy Carter durch.

8. Dezember1980
John Lennon wird vor seinem Wohnhaus in New York ermordet.

10. Oktober 1981
300 000 Menschen, so viele wie nie zuvor seit Bestehen der BRD, demonstrieren in Bonn für Frieden und Abrüstung.

29. Oktober 1981
Der britische Thronfolger Prince Charles ehelicht Lady Diana Spencer.
750 Millionen Fernsehzuschauer in 52 Ländern!

31. Dezember 1981
In den USA tritt bei einigen Menschen erstmals eine schwere Immunschwäche mit tödlichen Auswirkungen auf. Unter dem Namen AIDS wird die Krankheit bald weltweite Bekanntheit erlangen.

abgeschnitten und vielerorts fiel der Strom aus. Glücklich schätzen konnten sich diejenigen, die noch mit einem Kachelofen heizten und ausreichend Batterien fürs Radio im Haus hatten: Im Hörfunk gab es Tipps zum Bau einer Kochstelle aus Feld- und Ziegelsteinen. Erst nach knapp zwei Wochen beruhigte sich die Großwetterlage, so dass die Bürgerinnen und Bürger wieder zum Alltag übergehen konnten. Der viele Schnee gab eigentlich nur Wintersportlern und uns Kindern Anlass zur Freude. Auch in den Jahren darauf konnten wir uns stets auf ausreichend Schneefall verlassen, um unseren geliebten Schlitten aus dem Keller zu hieven. Mit unseren Eltern am Wochenende rodeln zu gehen, war eine Riesengaudi. Während des Spaziergangs zum Rodelberg ließen wir uns am liebsten den kompletten Weg lang gemütlich ziehen, um dann am Zielort umso umtriebiger zu werden. Den Hügel raufstapfen, um ihn gleich wieder runterzusausen – unzählige Male wiederholten wir diesen Spaß unter großem Gejauchze. Unsere Eltern brauchten gute Nerven, um unsere manchmal lebensgefährlich anmutenden Rodel-Manöver mit anzusehen, denn wir erreichten teilweise eine enorme Geschwindigkeit. Aus diesem Grund setzte sich nicht selten ein Elternteil hinten auf den Schlitten, um das „Geschoss" abzubremsen, wenn es zu schnell wurde. Erst, wenn wir im Gesicht schon ein bisschen blau gefroren waren, schafften unsere Eltern es, uns zum Heimgehen zu überreden. Während sie gemütlich bei Kaffee und Kuchen saßen, tauten wir Kinder im warmen Wohnzimmer langsam wieder auf. Ebenso beliebt wie das Schlittenfahren war das Schneemann-Bauen. Wenn uns einer von den Erwachsenen half, wurden sie oft

Kleine Fratze schneiden Fratzen

doppelt so groß wie wir selbst und wir mussten hochgehoben werden, um die als Nase dienende Karotte in die oberste Kugel zu stecken. Die schneereichen Winter waren für uns Kinder paradiesisch und wir vermissten sie auch noch, als wir eigentlich schon ein bisschen zu alt zum Schlittenfahren waren.

Frieden schaffen ohne Waffen

Um 1980 entstand eine außerparlamentarische politische Bewegung, die sich rasch vergrößerte und immer mehr Anhänger fand: Die Friedensbewegung. In breiten Bevölkerungskreisen wuchs die Angst, dass die BRD zum atomaren Kriegsschauplatz der Großmächte werden könnte, und man suchte nach Mitteln, dieser Befürchtung Ausdruck zu verleihen und sich gemeinsam dagegen stark zu machen. Demonstrationen und Appelle, Menschenketten und Sitzblockaden gehörten zu den Initiativen der Friedensbewegung, mit denen man sich gegen die aggressive Rüstungspolitik der USA und der Sowjetunion richtete. Unter dem Motto „Für Abrüstung und Entspannung in Europa" demonstrierten am 10. Oktober 1981 etwa 300 000 Menschen in Bonn gegen den NATO-Doppelbeschluss. Über 3000 Busse, ca. 8000 PKW und 41 Sonderzüge brachten die Demonstranten aus der ganzen Bundesrepublik in die damalige Hauptstadt. Veranstalter waren die „Aktion Sühnezeichen" und die „Aktionsgemeinschaft Dienst für den Frieden", beide der evangelischen Kirche nahestehend. Der Protestmarsch, auch Sternmarsch

genannt, und die anschließende vierstündige Kundgebung verliefen friedlich. Zu den Rednern auf der Bonner Hofgartenwiese gehörten u.a. Pastor Heinrich Albertz, Friedensforscher Alfred Mechtersheimer (CSU), Petra Kelly (Die Grünen), Erhard Eppler (SPD) sowie der Schriftsteller Heinrich Böll. Sie alle wendeten sich in ihren Reden gegen den NATO-Doppelbeschluss und brandmarkten das angebliche Nachrüsten als aggressives Wettrüsten.

Diejenigen von uns, die man zur Demonstration mitgenommen hatte, fingen natürlich früher oder später an, sich während der Reden auf Papas Schultern tödlich zu langweilen. Doch der ganze Tag an sich hatte etwas Abenteuerliches und Festliches, denn die tatkräftige und entschlossene Stimmung der Großen übertrug sich auch ein kleines bisschen auf uns Kinder.

Zum Glück war unser Leben noch ein völlig sorgloses, wir konnten ja noch nicht einmal lesen, was auf den vielen Transparenten stand.

Schnelles Wachsen verursacht „Hochwasserhosen"

Von Nicki-Pullovern und Wassereis-Flecken

Beim Draußenspielen hinzufallen war nicht nur ärgerlich und meistens schmerzhaft – es kostete außerdem Zeit: die Zeit unserer Mütter und Großmütter, welche sich mit schöner Regelmäßigkeit daransetzten, unsere Hosen an den Knien zu stopfen und die in unsere Röcke gerissenen „Siebenen" zu flicken. Bestenfalls bekamen wir auf diesem Wege bunte Aufnäher auf die Kleidung gestickt oder gebügelt, kleine Enten, runde Äpfel oder Fußbälle.

Nicht wegzudenken waren aus unserer Kinder-Garderobe der samtige Nicki-Pullover und die Kordhose, gerne auch in Gestalt einer Latzhose. Jeder, der ältere Geschwister oder Cousins und Cousinen hatte, war vom Vererbungs-Phänomen betroffen, welches bedeutete, dass man nicht allzu häufig ladenneue Kleidung bekam. Warum auch, darauf kam es uns in diesem Alter zum einen noch nicht an – Hauptsache, die Sachen waren schön bunt – und zum anderen wuchsen wir schließlich so schnell, dass

Nur saubere Kinder sind gute Kinder

die Folge eine entsprechend hohe Klamotten-Fluktuation in unserem Schrank war. Schnell waren die Hosen und die Pulloverärmel wieder zu kurz. Was nicht vom Draußenspielen völlig zerschlissen oder wegen hartnäckiger Caprisonne- oder Wassereis-Flecken (wahre Farbstoffschleudern: Dolomiti, Calippo, Flutschfinger, Cujamara Split) untragbar geworden war, wurde natürlich abermals weitervererbt.

Ab in die Badewanne!

Zusammen mit der kleinen Schwester oder dem Bruder in die schäumenden Fluten, das war stets ein großes Badevergnügen. Vor allem im Sommer, wenn man mit kurzen Hosen den ganzen Nachmittag draußen unterwegs gewesen war, brannte und bitzelte es zunächst bestialisch an den Knien und Ellenbogen: Ein jeder hatte seine Schürfwunden von Fahrrad- oder Rollschuhstürzen oder einer ungeschickten Kletteraktion zu beklagen. Wenn man diesen Schmerztest mit indianischer Größe überstanden hatte (denn die Losung lautete „Ein Indianer kennt keinen Schmerz"), machte das Baden sehr viel Spaß. Man konnte sich gegenseitig so viel Wasser über den Kopf gießen, bis der andere nach Luft japste und versonnen sein Quietsche-Entchen durch die Wanne paddeln lassen. Wenn Mama sich zum Haarewaschen mit dem neuen Apfel-Schauma an den Wannenrad setzte, wurde es noch einmal brenzlig, denn Shampoo in den Augen war noch schlimmer als ein aufgeschlagenes Knie. Nach dem Bad wurden wir mit unserem Sesamstraßen-Badetuch trockengerubbelt, in den Frottee-Schlafanzug gesteckt und bekamen das Haar geföhnt, denn in der Küche warteten schon die Salamibrote auf uns, nach denen wir die Augen oft kaum noch offen halten konnten. Schnell noch mit Blendi, unserer Kinderzahnpasta mit Himbeergeschmack, die Zähne geschrubbt und ab ins Bett. Wer noch nicht zu müde war, schaffte es vielleicht noch, ein paar Minuten von der Märchen-Kassette zu hören. Doch dann war nur noch das Kuschelkissen wichtig, mit dem wir fest im Arm zufrieden einschlummerten.

AIDS – Eine tödliche Krankheit wird entdeckt

Am 3. Juli 1981 war in der „New York Times" die Schlagzeile „Seltener Krebs bei 41 Homosexuellen" zu lesen. Erst im Dezember desselben Jahres wurde die Erkrankung an der Immunschwäche AIDS als solche identifiziert. Es wurde darüber aufgeklärt, dass AIDS die Abkürzung für „Acquired Immune Deficiency Syndrome" ist (erworbenes Immun- oder Abwehrschwäche-Syndrom) und dass es sich dabei um eine schwere Immunschwäche mit tödlichen Auswirkungen handelt. Wir Kinder konnten damals noch nicht ahnen, dass diese Krankheit unsere Pubertät und unsere ersten sexuellen Erfahrungen entscheidend prägen würde: Umfangreiche Plakat-Kampagnen, Kino- und TV-Spots und AIDS als Unterrichtseinheit machten die Sache mit dem Sex noch komplizierter und vor allem auch angstbesetzter, als sie ohnehin schon war. Das Wort Aufklärung bezog sich nicht mehr nur auf Geschlechtsverkehr, Verhütung und Co., sondern umfasste von nun an auch die Möglichkeiten und Risiken, sich mit AIDS zu infizieren („Kondome schützen!"). Eine kleine rote Schleife wurde internationales Symbol für den Kampf gegen AIDS. Die Reaktionen der heterosexuellen Jugendlichen schwankten zwischen der massiven Angst vor Ansteckung und der leichtsinnigen Annahme, sowieso nicht betroffen zu sein. Diejenigen, die ihre Homosexualität entdeckten oder erahnten, waren augenblicklich mit dem entsprechenden Stigma konfrontiert. AIDS setzte bei den Menschen viele Ängste, Vorurteile und Emotionen frei und war von Anfang an mit der Diskussion über Moral- und Ordnungsvorstellungen verbunden. Der sexuellen Befreiung der 60er und 70er Jahre wurde ein gehöriger Dämpfer verpasst. Wir hofften, dass man die tödliche Immunschwäche in ein paar Jahren würde heilen können. Auf diesen Durchbruch wartet die Welt noch heute.

Butterbrot macht Wangen rot

Plüschige ständige Begleiter

Auch wenn der Mercedes unter den Stofftieren einen Knopf im Ohr hatte und von der Firma Steiff kam (in der Spielwarenabteilung von Kaufhof oder Karstadt gab es sogar nahezu lebensgroße Steiff-Tiere zu bewundern), liebten wir am meisten einen kleinen Teddy oder Hasen, den wir bereits als Baby bekommen hatten und an dem das viele Knuddeln und Kuscheln wahrlich nicht spurlos vorübergegangen war. Dieses kleine Stoffbündel durfte uns anfänglich – genau wie das sogenannte Schnuffeltuch – sogar in den Kindergarten begleiten, zumindest jene unter uns, die beim ersten Zusammentreffen mit so vielen anderen Kindern doch noch etwas kuschelige Unterstützung benötigten. Sehr beliebt und in Mode waren eine zeitlang auch die sogenannten Monchichis, kleine Plüschäffchen mit einem Plastik-Gesicht im Kindchen-Schema, man konnte ihnen sogar den Dau-

Kuscheltiere: Jeder hatte welche

men ins Mäulchen stecken und kleine Affenschaukeln für sie erwerben.

Der Kindergarten war nicht nur eine Entlastung unserer Mütter, die vormittags endlich zu all den Dingen kamen, die sie während unserer Anwesenheit nicht erledigen konnten oder die ihrem Beruf weiter nachgehen mussten und / oder wollten. Er war auch auf eine spielerische Art ein Übungsplatz für gesellschaftliches Miteinander. Wir lernten beim Spielen und Toben unter den Augen der warmherzigen, aber bestimmten Kindergärtnerinnen ein friedliches Miteinander und vor allem wurden wir behutsam an gewisse Regelmäßigkeiten und ein Mindestmaß von Ordentlichkeit gewöhnt. In vielen Kindergärten durfte sich jedes Kind eine Tierabbildung über einem der vielen Garderobenhaken aussuchen, um den Anorak eigenständig wiederzufinden, wenn die Gruppe raus zum Spielen ging. Und auch die kleine bunte Kindergarten-Tasche, in die uns morgens das Butterbrot gepackt wurde, durfte hier baumeln, während wir bastelten, malten, sangen und „Vater-Mutter-Kind" in der Puppenecke spielten. Dieselben Merk-Tierchen klebten in den Waschräumen über den kleinen Waschbecken, wo wir uns nach dem Frühstück gemeinschaftlich die Zähne putzten. Manch einer lernte im Kindergarten, mit Wachsmalstiften seinen Vornamen zu schreiben oder mithilfe von Bauklötzen bis zehn zu zählen. Nach Hause ging es jedenfalls erst, wenn wir unseren Raum wieder tipptopp aufgeräumt hatten. Die Kindergärtnerinnen brachten uns bei, dass Mütter nicht zum Hinterherräumen von Spielsachen da sind. Doch diese Lektion verinnerlichten die meisten von uns im heimischen Spielzimmer ehrlich gesagt mehr schlecht als recht.

John Lennon ermordet

Am 8. Dezember 1980 wurde John Lennon – Rockmusiker, Komponist und Friedensaktivist – beim Verlassen seines New Yorker Wohnhauses, dem Dakota-Building, von einem psychisch gestörten „Fan" erschossen. Am Tag zuvor hatte er dem Mann, der ihn wenig später töten würde, noch einen Autogrammwunsch erfüllt. John Lennon wurde 40 Jahre alt. Seine Ehefrau Yoko Ono, die sich an seiner Seite befand, blieb unverletzt. John Lennon galt als führender Kopf der Beatles, jener Band, mit der er in den 60er Jahren weltberühmt geworden war. Die meisten gefeierten Songs hatte er allein oder in Zusammenarbeit mit Paul McCartney geschrieben und komponiert. Sein Einfluss auf die Entwicklung der Popmusik ist unermesslich. Wie der Mensch John Lennon waren auch seine Songs oft sehr politisch gefärbt. Er engagierte sich u. a. für Bürgerrechte und für den Weltfrieden. Die schockierende Nachricht seines Todes lähmte alle, die mit den Beatles mehr als nur eine Episode Rockmusik verbanden. In New York kamen Hunderte von Menschen mit Blumen und Kerzen zum Ort des Anschlags, um gemeinsam ihres Idols zu gedenken. Ein Bereich im Central Park gegenüber dem Dakota Building wurde später nach einem seiner Lieder als „Strawberry Fields" benannt.

Sämtliche Radiostationen änderten ihr Programm und spielten die Beatles. Unsere Eltern hatten Tränen in den Augen. Sie wurden übermannt von Erinnerungen. Als die Beatles groß wurden, waren sie noch Teenager, und sie hatten die „Beatlemania" mit Leib und Seele miterlebt – so sie nicht früher oder später auf die Rolling Stones umgeschwenkt waren. Die Beatles hatten zwar bereits 1970 ihre Trennung bekannt gegeben, doch als erfolgreichste Band des 20. Jahrhunderts lebten sie in den Köpfen und Herzen weiter. Auch die Ermordung John Lennons konnte daran nichts ändern.

Ernie und Bert lassen grüßen

Wir wuchsen mit allerhand pädagogisch wertvollen Kinder-Sendungen auf. Je nachdem, wie viel Flimmerkiste uns täglich von den Eltern zugestanden wurde, war da zunächst einmal das „Sandmännchen", ein kleiner Mann mit weißem Bart und Zipfelmütze, der immer kurz vor 19 Uhr kam, uns seinen Traum-Sand in die Augen streute, eine kurze Geschichte präsentierte und eine gute Nacht wünschte. Das Sandmännchen ging immer viel zu schnell vorbei! Manchmal, wenn wir bei den nachgiebigen Großeltern waren, durften wir jedoch noch ein zweites Sandmännchen schauen, das des DDR-Fernsehens. Es sah fast genauso aus, kam aber jeden Abend mit einem anderen Gefährt: Mal war es ein Fahrrad, dann ein Hubschrauber, einmal reiste es sogar mit einer Weltraumkapsel auf den Mond! Nach solchen Abenteuern waren wir dann aber wirklich müde und ließen uns bereitwillig ins Bett bringen.

Später waren unsere Lieblinge die Bewohner der „Sesamstraße". Da waren zum einen der große, dicke Samson mit den blau-weißen Turnschuhen und dem riesigen Schnuffeltuch und die kleine, zierliche Tiffy mit dem spitzen Mundwerk. Und natürlich die unnachahmlichen Puppen aus dem amerikanischen Original: Der schusselige Grobi, der uns den Unterschied zwischen „nah" und „fern" erklären wollte, dem dabei aber immer irgendetwas schief ging und den wir deshalb umso mehr liebten (denn verstanden hatten wir ja längst, was er uns zu erklären versuchte), das kulleräugige Krümelmonster, das alles auffraß, was es in die Hände kriegte – am

Mindestens so gut wie Kinderfernsehen: Pixie-Buch vorgelesen bekommen

liebsten natürlich „Keeekseee" – und das hinterher immer so schön schuldbewusst dreinschaute, Graf Zahl, bei dem wir zählen lernten und wohlig erschauerten, wenn er bei jeder runden Zahl ein gewaltiges Gewitter losdonnern ließ – und natürlich Kermit, der Frosch, der gerne oberlehrerhaft dozierte oder als rasender Reporter „live" dabei war, wenn Rapunzel sein Haar herunterlassen sollte und die ganze Perücke fallen ließ. Vor allem aber waren da Ernie und Bert, die Unzertrennlichen: Ernie, der alte Spitzbube, der sich ständig neuen Schabernack ausdachte, mit dem er seinen Kumpel Bert zur Weißglut brachte. Bert war nämlich ein überaus korrekter und ordentlicher Mitbewohner, der sich am liebsten seiner Büroklammer- oder Kronkorkensammlung widmete, wenn er dabei nicht gerade von Ernie gestört wurde. Von dieser bunten, lauten und frechen Meute lernten wir fast alles, was wir brauchten – und zwar fast, ohne es zu merken.

Weiterhin gab es natürlich noch die ebenso spielerisch-bildende „Sendung mit der Maus", welche uns schon im Vorspann mit dem Klang der vielen Sprachen dieser Welt vertraut machte, und schließlich die linksalternative Reihe „Löwenzahn" mit Peter Lustig – nach dem Motto: Früh übt sich, wer ein ökologisch denkender kleiner Bürger werden möchte. So besaß das Fernsehen stets einen lehrreichen Touch und hatte seinen festen Platz am Tag: Das Sandmännchen und die Sesamstraße gab es kurz vor oder nach dem Abendbrot, und die Lach- und Sachgeschichten der „Sendung mit der Maus" guckten wir sonntagvormittags, während unsere Eltern entweder in Ruhe ausschlafen oder sich um andere Dinge kümmern wollten, als um die Unterhaltung ihrer Sprösslinge.

Charles und Diana – Die Märchenhochzeit

Es war die größte königliche Hochzeit, die je gefeiert wurde und das Medienereignis schlechthin: Am 29. Juli 1981 um genau 11.12 Uhr gaben sich der britische Thronfolger Prince Charles und die gerade 20-jährige Diana Spencer aus adligem Hause in der Londoner St. Pauls Kathedrale das Jawort. Über 750 Millionen Menschen in 52 Ländern verfolgten die Zeremonie live im Fernsehen und waren bezaubert von der strahlend schönen Diana mit dem schüchternen Lächeln, die ein elfenbeinfarbenes Kleid mit fast acht Meter langer Schleppe trug. Als das Paar nach der Trauung in einer gläsernen Kutsche durch London fuhr, säumten Hunderttausende die Straßen, um einen Blick auf das Traumpaar zu erhaschen. Für „Lady Di" war die Hochzeit der Auftakt zu einem öffentlichen Leben: Sie wurde zur meistfotografierten Frau der Welt. Am 31. August 1997, 16 Jahre nach ihrer Hochzeit, starb sie bei einem Autounfall in Paris. Eine Meute Paparazzi soll ihr Auto verfolgt haben.

Schule, Schnitzeljagd und Spielabende

1982–1985

Das 7. bis 10. Lebensjahr

Der ewige Kanzler

Unsere Eltern hielten anfangs nicht viel von ihm. Helmut Kohl, das war doch dieser pfälzische Riese, der mit Dialekt sprach, gerne Saumagen aß und in gehässigen Zeitungskommentaren gerne Birne genannt und mit einer solchen als Kopf oft karikiert wurde. Dass dieser Kohl den geschliffen-vornehmen Hanseaten Helmut Schmidt ablösen sollte, konnten sie sich kaum vorstellen. Und doch war er plötzlich da: „Bundeskanzler Kohl per Misstrauensvotum gewählt", meldeten die Nachrichten am 1. Oktober 1982. Und ... er blieb! Für uns Kinder wurde er zu einem „Kanzler für immer". Als er antrat, waren wir gerade sechs und hatten vom Amt des Bundeskanzlers noch keinen blassen Schimmer; als er 1998 schließlich abdankte, waren wir 22. Wir waren unter ihm zur Schule gegangen, hatten die erste Liebe erlebt, den Schulabschluss und den Führerschein gemacht, uns für eine Ausbildung oder ein Studium entschieden und schließlich die ersten eigenen vier Wände bezogen. Wir waren erwachsen geworden und hatten bewusst nie einen anderen als Kanzler Kohl erlebt. Ehrlich gesagt: Wir konnten ihn nicht mehr sehen. Als am 26. September 1998 wieder Bundestagswahlen anstanden, wollten wir nichts dringender, als endlich das Ende der Kohl-Ära und einen Neuanfang. Wir waren keine Kinder mehr, wir standen jetzt auf eigenen Beinen und es war Zeit, dass ein neuer Abschnitt begann.

Chronik

1. Juni 1982

Der „Fußball-Kaiser" Franz Beckenbauer gibt die Beendigung seiner aktiven Laufbahn bekannt. In seinem letzten Spiel (Hamburger SV gegen die Nationalelf) fabriziert er ein Eigentor.

1. Oktober 1982

Helmut Kohl wird Bundeskanzler. Das konstruktive Misstrauensvotum gegen Helmut Schmidt hinterlässt einen bitteren Nachgeschmack.

25. April 1983

Das Hamburger Magazin „stern" stellt auf einer Pressekonferenz einen sensationellen Fund, die angeblichen Tagebücher Adolf Hitlers, vor und kündigt deren Abdruck an. Wenig später erweisen sich die Dokumente als grobe Fälschung.

26. April 1983

Die CDU/CSU/FDP-Regierung beschließt den konsequenten Ausbau der Kernenergie. Der schnelle Brüter in Kalkar am Niederrhein und der Hochtemperaturreaktor in Uentrop-Schmehausen sollen fertiggestellt und in Betrieb genommen werden.

23. Mai 1984

Richard von Weizsäcker wird mit großer Mehrheit zum neuen Bundespräsidenten gewählt.

3. Juli 1984

In Alaska beginnt die alljährliche Robbenjagd, obwohl es dagegen massive Proteste von Tierschützern gibt. Unter anderen engagiert sich Brigitte Bardot medienwirksam gegen das Robbenschlachten. In der Europäischen Gemeinschaft herrscht seit 1983 ein Einfuhrverbot von Robbenfellen.

11. März 1985

Einen Tag nach dem Tod Konstantin Tschernenkos wählt das Zentralkomitee der KpdSU den 54-jährigen Michail Gorbatschow zum Generalsekretär. Der Sowjetunion steht damit die „Perestroika" ins Haus.

7. Juli 1985

Der 17-jährige Boris Becker gewinnt in Wimbledon die 99. All-England-Tennismeisterschaft.

Kanzler Kohl

Am 1. Oktober 1982 wird der 52-jährige Vorsitzende der CDU/CSU-Bundestagsfraktion und ehemalige rheinland-pfälzische Ministerpräsident Helmut Kohl zum Bundeskanzler gewählt. Möglich geworden war dies durch den Bruch der sozialliberalen Koalition von Kanzler Helmut Schmidt, in dessen Folge Kohl ein konstruktives Misstrauensvotum gegen Schmidt mit den Stimmen von CDU/CSU- und FDP-Fraktion gewinnt. Im März 1983 wird dieses Bündnis durch Neuwahlen bestätigt, doch die von Kohl angekündigte „geistig-moralische Wende" bleibt aus. Im Gegenteil: Die Massendemonstrationen gegen die Stationierung von atomaren US-Mittelstreckenraketen in Deutschland und die Flick-Parteispendenaffäre, bei der auch Kohl vor den Untersuchungsausschuss geladen wird, machen dem neuen Kanzler das Leben schwer. Bei der Bundestagswahl 1987 wird er zwar trotz Stimmenverlusten wiedergewählt, doch bald darauf scheint er am Ende: Einen Putschversuch beim CDU-Parteitag 1989 kann er nur mühsam abwehren. Doch dann drängt die friedliche Revolution in der DDR und Osteuropa alle innenpolitischen Probleme in den Hintergrund. Kohl nutzt die Gunst der Stunde und stellt bereits kurz nach dem Fall der Mauer im Alleingang einen „Zehn-Punkte-Plan zur Überwindung der Teilung Deutschlands und Europas" vor. Gemeinsam mit Außenminister Genscher gelingt es ihm, die Bedenken der Alliierten gegen ein wiedervereinigtes Deutschland auszuräumen. In der Nacht zum 3. Oktober 1990 ist es dann soweit: Mit dem Beitritt der fünf neu gegründeten ostdeutschen Bundesländer wird sie vollzogen. Bei der ersten gesamt-deutschen Bundestagswahl im Januar 1991 wird Kohl als „Kanzler der Einheit" klar wiedergewählt. Was nur wenige ahnen: Er hatte gerade erste die Hälfte seiner Amtszeit hinter sich.

23 ABC-Schützen

„Wenn Du erst einmal zur Schule gehst ..."

Die Einschulung war ein über die Maßen aufregender Tag. Unsere Eltern, Großeltern, Onkel und Tanten hatten uns schon Wochen zuvor mit ihren Kommentaren furchtbar neugierig gemacht. Wie sich das wohl anfühlen würde, wenn ein neuer Lebensabschnitt beginnt? Bis dato hatten wir doch eigentlich ein wunderbar sorgloses Dasein gehabt, doch nun sollte etwas ganz Neues auf uns zukommen: Lesen, schreiben und rechnen lernen, Hausaufgaben machen und Klassenarbeiten schreiben. Unseren Schulranzen bekamen wir im Laufe des Sommers vor der Einschulung geschenkt, so dass wir genügend Zeit hatten, unsere Federmäppchen inkl. Tintenkiller und „Ratzefummel" sowie unsere Malkästen zu inspizieren und vorsichtig auszuprobieren. Mit dem Füller wussten wir noch nicht so richtig umzugehen. Der Nachbarschaftsvergleich brachte zumindest schnell ans Licht, dass es zwei konkurrierende Hersteller gab: Geha und Pelikan. Bei den Schulranzen hielt hingegen eindeutig Scout das Monopol und übertrumpfte die Marke Amigo mühelos. Am meisten freuten wir uns aber auf unsere Zuckertüte, die meistens fast so groß wie ihr stolzer Besitzer war. Neben weiteren Schul-Utensilien und Süßigkeiten befand sich bei manchen darin die erste kleine Armbanduhr oder ein Quartett-Kartenspiel für die große Pause (Auto-, Flugzeug- und Fußball-Quartetts waren der Renner!). Die Mädchen ahnten noch nicht, welche große Schulhof-Leidenschaft ihnen kurz bevorstand: Der Gummitwist, welcher Anfang der 80er Jahre eine große Renaissance erlebte. In den Pausen wurde gehüpft, was das Zeug hielt, und die besonders sportlichen Mädchen gelangten in ihrer Schulklasse zu Ruhm und Ehre. Manchmal durfte auch ein Junge mitmachen, aber das war eher die Ausnahme. Die Jungs mussten sich schließlich permanent um ihre Fertigkeit im Umgang mit dem Ball kümmern, sei es mit dem Fuß-, Tennis- oder Softball.

Sicherlich hatte der eine oder andere im Kindergarten bereits einen Namensvetter getroffen, aber in der ersten Klasse waren wir mit noch ganz anderen Dimensionen der Namensgleichheit konfrontiert: Es gab eine illustre Anzahl von Florians, Matthias', Kathrins, Julias, Christians und Sandras und es war für viele erst einmal gar nicht so einfach, mit diesen Dopplungen und Verdreifachungen klarzukommen. Wir behalfen uns daraufhin mit aberwitzigen Spitznamen oder redeten uns forsch mit Nachnamen an, was unseren Eltern die Haare zu Berge stehen ließ, jedoch nichts weiter als kindlicher Pragmatismus war.

Zuckertüte und Scout-Ranzen

„E.T. nach Hause telefonieren"

In den USA startet am 11. Juni 1982 Steven Spielbergs Fantasy-Film „E.T. – der Außerirdische", der zu einem enormen Kassenhit werden sollte. In Deutschland kommt der Streifen ein halbes Jahr später, in der Vorweihnachtszeit, in die Kinos. Nicht nur bei Kindern und Jugendlichen war der Außerirdische, der mit dem Spruch „E.T. nach Hause telefonieren" berühmt wurde, außerordentlich beliebt.

Schnitzeljagd und Mohrenköpfe

Wir wussten schon früh, wie man richtig Feste feiert, oder besser gesagt, unsere Eltern richteten uns wahrlich hingebungsvoll unsere Kindergeburtstage aus. Es begann etwas zäh, denn die Einladungen mussten wir meistens handschriftlich (in Schönschrift!) verfassen, und ein Fotokopierer war noch die absolute Ausnahme und höchstens im Schreibwarengeschäft oder auf der Post zu finden. Die gan-

Kuchen und Torten für die Geburtstagsgäste

ze Klasse einzuladen, wäre etwas zu viel gewesen, aber um die 15 Kinder kamen oft zusammen. War man zu einem Geburtstag eingeladen, dann musste man sich zusammen mit den Eltern um ein Geschenk kümmern, mehr als zehn Mark sollte es nicht unbedingt kosten. Die Jungs bekamen oft „Drei ?"-Kassetten oder Modellflugzeuge geschenkt, die Mädchen eher Schneider-Bücher („Hanni und Nanni"), bunt gemustertes Briefpapier oder ein Poesiealbum. Nachdem man zu Mittag gegessen und seine Hausaufgaben gemacht hatte, zog man sich hübsch an, bekam die Haare gekämmt und zog los, um pünktlich

Hoch im Kurs auf Geburtstagen: Schatzsuche und Schnitzeljagd

um 15 Uhr an der Tür des Geburtstagskindes zu klingeln. Dort wartete dessen Mutter mit einer Kuchentafel und einer großen Kanne Nesquik oder Kaba (im Sommer auch gerne mit Quench, dem knallgelben Instant-Fruchtsaftgetränk). Nachdem die Geschenke ausgepackt waren, gab es Mohrenkopftorte, Kalten Hund und den neu kreierten Fanta-Kuchen, und dann wurde vom Eierlaufen übers Topfschlagen und Räuber-und-Gendarm-Spiel bis hin zur Schnitzeljagd oder Schatzsuche, vom Gastvater ausgetüftelt, ein unbeschwerter Nachmittag verbracht. Abends gab es Pizza, Spaghetti oder Würstchen mit Kartoffelsalat, und dann wurde man von den Gasteltern in Grüppchen heimgefahren oder abgeholt. Meistens bekam man noch ein kleines Tütchen mit Süßigkeiten mit auf den Weg (Ahoi-Brause, Cola-Fläschchen, Bazooka und Hubba Bubba, weiße Mäuse, Hanuta oder saure Pommes) und wer unvorsichtig war, verdarb sich hiermit dann endgültig den Magen.

Nummer-Eins-Hits 1982–1985

Markus
„Ich will Spaß" (1982)

Falco
„Der Kommissar" (1982)

Peter Schilling
„Major Tom. Völlig losgelöst" (1983)

Nena
„99 Luftballons" (1983)

Depeche Mode
„People Are People" (1984)

Stevie Wonder
„I Just Called to Say I Love You" (1984)

Sandra
„Maria Magdalena" (1985)

A-ha
„Take on me" (1985)

Wer bei Erwachsenen-Feiern aufbleiben durfte, freute sich diebisch

Spieleabende und Prime-Time-Fernsehen

Bei unseren Eltern ging es, wenn sie Gäste eingeladen hatten, kulinarisch nicht weniger üppig zu. Auf die sogenannte Fresswelle der 50er und 60er Jahre folgte die „Edel-Fresswelle". Man war stets auf der Suche nach exotischen und edlen Nischen, gern nach französischem Vorbild (zumindest, was man dafür hielt): Käse- und Fleisch-Fondue, Chateaubriand, Tournedos Rossini, Rumpsteak à la Strindberg, Filet Wellington, Königinnenpastete. Dazu trank man nicht mehr die lieblichen und süßen Weine, sondern entdeckte trockene, vor allem elsässische Sorten. Manchmal luden unsere Eltern ihre Freunde auch zum Spieleabend ein. Das Kartenspiel Doppelkopf war schwer in Mode gekommen und löste vielerorts die altbekannten Brettspiele Risiko, Monopoly und Malefitz ab. Blöd, dass wir Kinder da nicht mitspielen konnten. Wir wurden ins Bett geschickt, während Papa die Karten mischte und Mama was zum Knabbern hinstellte. Manchmal stie-

Fleisch- und Käse-Fondue waren die neuen Mode-Gerichte

ßen wir am Sonntagmorgen, wenn unsere Eltern noch schliefen, im Wohnzimmer auf die vollen Aschenbecher (zum Qualmen hatte eigentlich niemand eine kritische Haltung, schon eher zum Nichtrauchen!), auf die fast leeren Schüsselchen mit Salzstangen und Erdnüssen und wir schnupperten neugierig an den Wein- oder Likörgläsern. Wie konnten die Erwachsenen nur so scheußliche Sachen trinken! Die Eckes-Edelkirsch- oder Batida de Coco-Flaschen waren zwar schön anzusehen und trugen klangvolle Namen, aber geschmacklich war das doch eine Katastrophe! Wir hielten uns lieber an Fanta, Cola oder Spezi, wenn wir es uns aussuchen durften. Zu viel davon bekamen wir berechtigterweise nicht, denn an Zucker wurde bei den Limonaden damals wie heute nicht gespart.

Wir hofften jedesmal, beim nächsten Spieleabend dabei sein zu dürfen und manchmal wurden am Wochenende tatsächlich Spiele herausgeholt, die sowohl für Erwachsene als auch für Kinder spannend sein konnten: „Maumau" mit verschärften Regeln („Mörder-Maumau"), „Uno" oder das Würfelbecher-Spiel „Kniffel".

Durchaus nicht unüblich war es, dass die Erwachsenen sich Samstagabend gegenseitig zum Fernsehen einluden, wenn eine der großen Spielshows oder Quizsendungen lief. „Einer wird gewinnen" mit Hans-Joachim Kulenkampff, „Wetten, dass ..." mit Frank Elstner und „Auf los geht's los" mit Joachim „Blacky" Fuchsberger hießen diese beliebten Formate, die meistens der ganzen Familie gute Unterhaltung boten. Wir Kinder liebten den Moment, wenn wir – meistens schon im Schlafanzug, um im Anschluss an die Show direkt ins Bett springen zu können – aufs braune oder grüne Cord-Sofa gekuschelt saßen und der feierlichen Eurovisions-Fanfare lauschen durften, die stets vor Sendungsbeginn ausgestrahlt wurde. Besonders großes Vergnügen, oder besser gesagt diebische Freude bereitete uns die Show mit der versteckten Kamera „Verstehen Sie Spaß?" mit Kurt Felix und Paola und wir sahen auch furchtbar gerne Rudi Carells „Die verflixte Sieben" („Das wäre Ihr Preis gewesen ...!") oder aber seine Politsatire „Rudis Tagesshow", die auch für Kinder größtenteils verständlich war.

Sommerfreuden

Im Sommer war bei unseren Eltern der zeremonielle Genuss einer Früchtebowle sehr beliebt (kein Haushalt ohne mindestens ein Bowleservice!), ebenso das Berliner Getränk Persico und der „saure Paul", auch „saurer Bibberich" genannt: klarer Schnaps mit Zitro-

Grillen wurde ebenfalls immer beliebter

nensaft. Außerdem kam das Grillen auf. Über vielen Gärten und Schrebergärten, Balkonen und Grillplätzen im Wald sah man bei gutem Wetter die Rauchschwaden ziehen. Die Männer standen mit Bierflasche und Grillzange bewaffnet und mit leuchtenden Augen an der Feuerstelle und wendeten sachkundig Würstchen und Kotelettes und die Frauen tischten Nudel- und Kartoffelsalate in allen möglichen Variationen auf. Nicht mehr fehlen durfte beim Grillvergnügen das Ketchup, das als Nahrungsmittel von uns Kindern so sehr geliebt wie von unseren Eltern geächtet wurde. Wir hätten am liebsten alles mit Ketchup gegessen! Durften wir aber nicht. Beim Grillen hatte das amerikanische Erfolgsprodukt geschmacklich wenigstens seine Berechtigung und wurde auch von den Großen nicht verschmäht. Oft kamen wir Kinder mit einem Bärenhunger direkt aus dem Freibad, wo wir den ganzen Nachmittag damit beschäftigt waren, vom Ein- oder Dreimeterbrett zu springen, uns gegenseitig unter Wasser zu ducken und uns am Schwimmbad-Kiosk für eine Tüte Waffelbruch, Eis am Stiel oder Pommes anzustellen. Die Kiosk-Leckereien hatten natürlich ihren Preis und wurden nicht unbedingt von den Eltern gesponsert, und so reichte das Taschengeld manchmal bloß für ein bisschen Esspapier, ein paar Cola-Fläschchen (aus Weingummi) oder einige grüne und rote Schnüre.

„Da da da, ich lieb' dich nicht, du liebst mich nicht"

Die Neue Deutsche Welle schwappte auch über uns ABC-Schützen hinweg und begeisterte uns sehr, obwohl wir eigentlich für Pop und Rock noch ein bisschen zu klein waren. Das gute an Trio, Ideal, Spliff, Extrabreit und der Spider Murphy Gang war ja, dass sie alle deutsch sangen und wir die Texte somit verstehen – wenn auch nicht immer begreifen –

Verantwortlich für 1a Ohrwürmer: Die Neue Deutsche Welle

konnten. Fröhlich mitzugrölen war also kein Problem und machte vor allem so richtig Spaß, als die zweite Welle anrollte und Nena, Peter Schilling, DÖF und Geier Sturzflug in die Charts spülte. Auch, wenn die älteren Nachbarskinder spätestens jetzt ausstiegen und es einfach nur noch „voll peinlich" fanden, wenn DÖF im Sauseschritt gedüst kamen und die Liebe von ihrem Himmelsritt mitbrachten – die Hits unserer frühen Kindheit standen fortan für immer fest: „99 Luftballons" und „Major Tom. Völlig losgelöst" wurden zum Ohrwurm des Jahres 1983.

Mittwochabends saßen wir nun stets gebannt vorm Fernseher, um einen Auftritt unserer Helden bei Dieter Thomas Heck in der „Hitparade" zu erheischen.

Fahrrad fahren – Tour de France mit Stützrädern

Wer nicht in der Stadt aufwuchs und sich zum Spielen nicht auf den Hof oder den Park beschränken musste, in dessen kindlichem Alltag spielten ein Fahrrad, Roller, Rollschuhe oder vielleicht sogar ein Kettcar eine sehr große Rolle. Sich auf Rädern fortzubewegen, war das Größte und einzig Wahre, und deshalb begann, wenn das Wetter es zuließ, eigentlich jeder Nachmittag beim Draußenspielen auf zwei Rädern. Ein bestimmtes Ziel hatten wir nicht und unser Gefährt fungierte auch noch nicht als Statussymbol (höchstens die Wimpel, die man sich am Lenker seines Fahrrads oder Rollers befestigt hatte), nein, es ging um das Herumfahren an sich. Die Straße auf und ab, im Kreis und um den Block fahren. Sich vorstellen, man führe die Tour de Fran-

Heiß begehrt: Der fahrbare Untersatz

Am liebsten spielten wir draußen mit den anderen

ce, die man manchmal über Papas Schulter im Fernsehen verfolgt hatte. Freilich gehörte nur zu den „Großen", wer es geschafft hatte, seine Stützräder endlich loszuwerden. Der Tag, an dem der Vater oder Onkel beschlossen, dass der Gleichgewichtssinn des Anfängers es mittlerweile erlaubte, ohne Hilfestellung zu radeln, war von einem Triumphgefühl geprägt, das durchaus mit der Entgegennahme des Führerscheins zu vergleichen ist! Manche bekamen sogar ein Fahrrad ohne Rücktritt und mit Gangschaltung geschenkt. Im Grunde war es aber egal, wie gut es gerüstet war, man liebte sein Fahrrad, und es wurde nie langweilig bei den immer gleichen Runden, die man damit drehte – es war das pure Freiheitsgefühl, das uns bei wehendem Haar und flatterndem T-Shirt durchströmte.

Der Teppichboden als Spielwiese

Wenn die Wetterlage es nicht zuließ, nach den Schulaufgaben sofort nach draußen zu gehen und die anderen zu treffen, waren wir froh, dass unsere Spielzimmer oder wahlweise diejenigen der Nachbarskinder (irgendwo tummelten sich immer mehrere Kinder auf einmal, während ein anderes Spielzimmer für den Nachmittag verwaiste) mit Playmobil-Männchen, Lego-Bausteinen, Matchbox-Autos, Fischer-Technik-Kästen und Barbie-Puppen ausgerüstet waren. Auch der Velours-Teppichboden konnte eine Spielwiese sein! Zwar spielten die Mädchen sehr gern auch mit Jungen-Spielzeug – dass man einen Jungen beim Frisieren einer Barbie-Puppe antraf, war jedoch eher selten der Fall. Überhaupt hatten im Fall der blonden Zierpuppe mit

Playmobil-Imperium

Barbie, die „Feindin" der emanzipierten Frau

der Wespentaille und ihrem kernigen Gespielen Ken die durch die Frauenbewegung erfolgreich aufgebrochenen Geschlechterrollen einen herben Rückschlag zu erdulden. Die vollbusige Barbie ließ sich in ihrer Eitelkeit wunderbar auf genau das reduzieren, was Frauen nicht mehr in erster Linie sein wollten. Emanzipierte Mütter sahen ihre Töchter überhaupt nicht gern mit ihr hantieren. Letztlich war es jedoch auch nur eine Puppe und nichts weiter, und der „Schaden", den das weibliche Selbstbewusstsein abbekam, sicherlich nicht ganz so groß, wie befürchtet.

Ausgerechnet ein Stuntman wird zum Kinderheld

Wenn wir abends gegen sechs völlig abgetobt vom Draußenspielen hereinkamen oder keine Lust mehr auf die Beschäftigung in unserem Spielzimmer hatten, hofften wir zumeist auf die Erlaubnis, die eine oder andere Vorabendserie im Fernsehen anschauen zu dürfen. Dies war ein sehr beliebter Zeitvertreib, bevor es – vor allem im Sommer – in die Badewanne ging, um die grauschwarze Patina eines wilden Versteckspiels oder des Höhlen-Bauens im Garten von den Händen und Füßen zu waschen. Eine Fern-

Fernsehen so oft wie erlaubt

seherlaubnis gab es jedoch nicht jedes Mal, und es herrschte in der Nachbarschaft bei den Eltern auch nicht immer unbedingte Einigkeit darüber, welches Programm pädagogisch wertvoll oder aber als das genaue Gegenteil einzustufen sei. Besonders die – natürlich amerikanische – Serie „Ein Colt für alle Fälle", welche von uns ein besonders heiß geliebtes Stück Fernsehen war, schied die Geister. Sie erfüllte in keiner Hinsicht die Anforderungen an den kindgerechten TV-Genuss. Vielleicht war sie deshalb so begehrt. Wir versammelten uns also, sofern dies halbwegs unbemerkt möglich war, vor genau jenem Fernsehgerät, das nicht unter der Bewachung von einem Elternteil stand – oder aber wir trafen uns bei den Kindern zu Hause, deren Eltern kein Problem mit amerikanischen Vorabendserien hatten. Und dann fieberten wir mit, wenn Colt, Howie und Jodie ihre Abenteuer in Los Angeles zu bestehen hatten. Colt Seavers, dieser in unseren Augen wahnsinnig gewitzte und coole Hollywood-Stuntman, der in seinem zweiten Leben als Kopfgeldjäger gegen das Böse kämpfte – er genoss unsere größte Verehrung und Bewunderung, und es stellen auch heute noch viele 76er in Gesprächen über die Kindheit belustigt fest, beim gemeinsamen Spielen die Lieblingsserie mit verteilten Rollen nachgestellt zu haben. Ähnliches ist zu sagen über das „Trio mit vier Fäusten", „Das A-Team" und Jennifer und Jonathan Hart in „Hart aber herzlich". Zugegebenermaßen handelt es sich aus heutiger Sicht dabei um nichts anderes als amerikanischen Serien-Trash. Dennoch war Colt Seavers der unangefochtene Held des Vorabendprogramms.

Wir wussten neben unserer Vorliebe für „Colt" natürlich auch das Fernsehprogramm zu schätzen, das eigens für uns Kinder bestimmt war und in dem es friedlich und fantasievoll zuging. Nils Holgersson, der mit den Wildgänsen davonflog, Dr. Snuggles, der liebenswert-verrückte Erfinder und Tüftler oder Tom & Jerry wussten uns durchaus in ihren Bann zu ziehen.

Thriller

Mit seinem Solo-Album „Thriller" schrieb Michael Jackson 1982 Musikgeschichte und avancierte zum King of Pop. „Thriller" ist bis heute das meistverkaufte Album der Popgeschichte. Insgesamt wurden sieben Singles ausgekoppelt: „The Girl Is Mine", „Billie Jean", „Beat It", „Wanna Be Startin' Somethin'", „Human Nature", „PYT (Pretty Young Thing)" und „Thriller". Jacksons Markenzeichen waren der weiße Glitzerhandschuh, der Griff in den Schritt, die weißen Socken und der Moonwalk. Seit „Thriller" galt er als der erfolgreichste Pop-Musiker der Welt. Um seine beispiellose Karriere zu beschreiben, wurde der Begriff „Mega Star" geschaffen.

Der Reklame-Boom

Eine natürlich nicht unbeabsichtigte Nebenwirkung des kindlichen Konsums von Vorabendserien war die viel zu frühe und viel zu tief gehende „Werbeschädigung", die wir dabei erlitten. So drastisch kann man es wohl formulieren, wenn man bedenkt, was uns die freundlichen Werbegesichter dort alles glauben machen wollten – und wir waren noch längst nicht fernseherfahren und medienkri-

Dank der Fernsehwerbung lernten wir Markennamen wie Vokabeln

tisch genug, um Dichtung von Wahrheit zu unterscheiden. Während die übrige Wirtschaft eher stagnierte, war die Werbebranche ein ungebrochener Wachstumsmarkt, es herrschte Hochkonjunktur für Reklame. Wir Kinder waren als die Käufer von morgen durchaus Teil der Zielgruppe. Dass es sich dabei um eine komplett fiktive und inszenierte Werbewelt handelte, kapierten einige von uns schneller, andere etwas langsamer ... Da gaukelte uns beispielsweise ein Ernährungsforscher des bis heute immer wieder bemühten „Institutes Fresenius" im weißen Kittel vor, dass sich die von uns geliebte (aber von vielen Müttern aus gutem Grund oft nicht gekaufte) Kalorienbombe „Nutella" ausschließlich aus wertvollen und lebenswichtigen „Ernährungsbausteinen" zusammensetze. Während er dies mit ärztlicher Ernsthaftigkeit verkündete, baute er ein Modell in Form eines Nutella-Glases zusammen, das aus – was wohl? – diversen bunten Ernährungsbausteinen bestand – im Auge des kindlichen Betrachters höchst plausibel und absolut glaubwürdig! Auf einen ähnlichen Effekt bei Müttern und Kindern wurde spekuliert, wenn von der „Extraportion Milch" in der „Kinderschokolade" die Rede war oder die „Milchschnitte" als das bessere Pausenbrot empfohlen wurde. Damit wir Kinder gar nicht erst lustlos durch die Regenpfützen taperten, sondern fröhlich mit den Spielkameraden herumtobten, sollten wir „Multisanostol" schlucken, vom Grundgedanken her eine Art moderner Lebertran in Gestalt eines wohlschmeckenden, aber zahnschädigenden Zuckersirups. Und wenn unsere Mütter uns morgens kein „Hohes C" zum Frühstück einschenkten, konnte es mit der Mutterliebe ja nicht allzu weit her sein ...

Vielleicht war das Werbefernsehen ja eine gute Schule für unsere sogenannte kritische Medienkompetenz. Werbeslogans wie „Mars macht mobil, bei Arbeit, Sport und Spiel", „Wenn einem Gutes widerfährt, ist das einen Asbach Uralt wert", „Rama macht das Frühstück gut" und „Rennie räumt den Magen auf"

Stets Verhandlungssache: Abends im Bett lesen oder Kassette hören

gingen uns in Fleisch und Blut über. Sich heute daran zu erinnern, welch einen Humbug wir Kinder uns da mit großen Augen zu Gemüte führten und schlimmstenfalls auch glaubten, ist dennoch ein seltsames Gefühl.

Lesen, hören, sehen: Unendliche Geschichten

„Michael Ende, Du hast mein Leben zerstört", so nannte die erfolgreiche deutsche Band Tocotronic 1995 ironisch-lakonisch einen ihrer Songs, der auf die überbordenden Fantasiewelten des beliebten Schriftstellers und auf die dort herrschenden Moralvorstellungen und Werte anspielte, mit denen man – pessimistisch betrachtet – in der Realität nicht überlebensfähig war. Von derlei kompliziertem Gedankengut waren wir in den 80ern weit entfernt. Wir liebten Michael Endes Geschichten heiß und innig und lasen alles mindestens zweimal, angefangen bei „Jim Knopf und Lukas, dem Lokomotivführer" (von der Augsburger Puppenkiste zauberhaft in Szene gesetzt), über das tapfere „Traumfresserchen" und die kluge „Momo" bis hin zur „Unendlichen Geschichte". Als die letztgenannten beiden Geschichten verfilmt wurden, bettelten wir unsere Eltern an, doch mit uns ins Kino zu gehen, und während diese dort ein kleines Nickerchen hielten, erlebten wir dort traumhafte Nachmittage. Es fiel uns schwer, uns aus diesen herrlichen Fantasie-Universen wieder zu befreien und uns auf den nächsten Schultag zu konzentrieren. Wir beneideten Radost Bokel um ihre wunderbare Filmrolle als wuscheliger Lockenkopf Momo und wünschten uns einen väterlichen Freund wie Beppo, den Straßenkehrer, der niemals Angst hatte, seine Aufgabe nicht zu schaffen, weil er sich immer nur Stück für Stück voranarbeitete und nie die ganze Straße auf einmal im Sinn hatte. Neben Michael Ende waren natürlich

Klassiker im Bücherregal

Otfried Preußler, Astrid Lindgren und Enid Blyton die Autoren unserer Kindheit, wie sie es auch bei vorangegangenen Generationen bereits gewesen waren. Ihre zeitlosen Geschichten waren einfach nicht wegzudenken aus den Kinderzimmern und behielten über Jahrzehnte hinweg ihren Reiz. Neben den großartigen Verfilmungen einiger Bücher (auch „Ronja Räubertochter" wurde zu einem großen Erfolg) kam noch ein weiteres Medium hinzu, das die alten Geschichten lebendig hielt: Die Hörspielkassette. Besonders der Europa-Verlag machte sich um zahlreiche Editionen verdient, die Einzug in unsere Kassettenregale erhielten. Oft lasen wir erst die Bücher und waren dann furchtbar neugierig auf die entsprechenden Hörspiele, die wenig später erschienen. Manche Vertonungen existierten aber auch schon seit Ende der 70er und waren bereits zu richtigen Klassikern geworden, „Die drei ?" zum Beispiel. Dieses Genre pfiffiger Kinder-Banden, die gemeinsam Kriminalfälle aufklärten, faszinierte uns besonders. Ebenso gern wie die Geschichten von Justus Jonas und Co. lasen und hörten wir „TKKG" (alias Tarzan, Karl, Klößchen und Gaby) und Enid Blytons „Fünf Freunde". Nur für Mädchen bestimmt war eine umfangreiche Serie von Schneider-Büchern (ebenfalls nach der Originalvorlage von Enid Blyton), die von „Hanni und Nanni" handelten und nach folgendem Strickmuster funktionierten: Die Zwillinge Hanna „Hanni" O'Sullivan und Marianne „Nanni" O'Sullivan leben seit ihrem zwölften Lebensjahr im Mädcheninternat Lindenhof. Nanni, die Jüngere, ist eine ruhige vernünftige Natur, während Hanni wild und unbefangen ist und nie stillsitzen kann. Zusammen mit ihren Mitschülerinnen und dem Internatspersonal erleben sie viele turbulente Abenteuer, und trotz Rivalitäten und plötzlich auftauchender Probleme geht am Ende immer alles gut aus. Ein Glück.

Kabelfernsehen

Ein neues Medienzeitalter beginnt: Am 1. Januar 1984 wird das duale Rundfunksystem freigeschaltet. Die ersten Kabelprogramme, teils von öffentlich-rechtlichen, teils von privaten Programmanbietern, gehen auf Sendung. Manege frei für RTL, SAT.1, Pro 7 und Co. Während die einen sich davon Informationsvielfalt versprechen, fürchten die anderen geistige Verflachung und Verdummung. Mit Einführung des Kabel- und Satellitenfernsehens beginnt auch die Beteiligung der privaten Wirtschaft an den Rundfunksendern, damit wird das Monopol von ARD und ZDF auf dem Gebiet von Rundfunk und Fernsehen aufgehoben.

Schüleraktion: Müll gehört nicht in die Landschaft

Jute statt Plastik!

Es entstand in den 80ern ein geschärftes Bewusstsein dafür, dass wir in einer Wegwerfgesellschaft lebten und dass der Müll zum einen von vornherein reduziert und zum anderen zur adäquaten Entsorgung getrennt werden musste. Aluminiumfolie wurde fortan verteufelt und nur noch von politisch unkorrekten Müttern zum Einwickeln der Pausenbrote verwendet und wer Batterien in den Hausmüll gab, galt als nahezu kleinkriminell. Zu Recht! Wir waren früh an diese Themen herangeführt und auf umweltbewusstes Verhalten geeicht worden. Unsere Klassenlehrerin hatte uns im Sachkundeunterricht nicht nur erklärt, dass lediglich eine kleine Knopfbatterie sechs Millionen Liter Grundwasser zu verseuchen im Stande sei und dass es in ökonomisch-ökologischer Hinsicht wesentlich besser sei zu duschen, als ein Vollbad zu nehmen, sondern sie hatte uns auch gezeigt, wie man eine entleerte Milch- oder Safttüte Platz sparend zusammenfalten sollte, um den Müllberg nicht unnötig noch weiter anschwellen zu lassen. „Jute statt Plastik!" wurde zur Losung der Umweltbewussten. Partys, die völlig sorglos mit Einweggeschirr und -Besteck bestritten wurden, gab es kaum noch. Und wenn, dann war die nächste Grundsatzdiskussion nicht weit und der Gastgeber musste sich in Acht nehmen, am Ende nicht als unmoralischer und unsozialer Ignorant dazustehen – als Umweltverschmutzer eben.

Der letzte Baum

Das Umweltbewusstsein war zwar in den letzten Jahren allgemein gestiegen, aber dennoch setzte sich die ungebremste Ausbeutung der natürlichen Ressourcen durch den Menschen fort. Ein gedankenloser, immer am wirtschaftlichen Profit orientierter Umgang mit der Natur führte zu wachsenden Umweltschäden. Eines der gravierendsten Probleme war Anfang der 80er Jahre die Luftverschmutzung mit Stickoxiden und Schwefeldioxiden. Ein sichtbares Ergebnis derselben war der saure Regen, den man als Auslöser für das verbreitete Waldsterben verantwortlich machte. Viele Politiker gingen davon aus, die Bürger seien nicht dazu bereit, für ökologische Maßnahmen tiefer in die Tasche zu greifen. Doch eine 1981 veröffentlichte Studie belegte das Gegenteil. Die Deutschen waren durchaus gewillt, für eine gesündere Umwelt zu investieren und viele unterstützten Umweltorganisationen wie zum Beispiel Greenpeace. Die Fronten zwischen Umweltschützern und den Vertretern industrieller Interessengruppen verhärteten sich zunehmend.

Eine von Greenpeace viel zitierte Weissagung der Cree-Indianer lautete:

Erst wenn der letzte Baum gerodet,
der letzte Fluss vergiftet,
der letzte Fisch gefangen
werdet Ihr merken,
dass man Geld nicht essen kann.

Der Sport fordert seine Opfer …

Das deutsche Tenniswunder

Am 7. Juli 1985 gelang einem 17-jährigen Leimener namens Boris Becker die größte Sensation in der Geschichte des deutschen Tennissports: Als erster Deutscher und jüngster Spieler aller Zeiten gewann er das legendäre Tennisturnier von Wimbledon und wurde über Nacht zum Superstar. Tennis – das war in Deutschland bis dato eher eine Randsportart gewesen; in unserer Freizeitgestaltung jedenfalls hatte es keine große Rolle gespielt. Doch nachdem wir „Bumm-Bumm-Boris" mit den rotblonden Haaren und den Sommersprossen zugeschaut hatten, wie er mit seinem „Becker-Hecht" nach den kompliziertesten Bällen sprang (und sie bekam!), änderte sich das schlagartig: Wir wollten Tennis spielen und mindestens der neue Boris oder die neue Steffi Graf werden, welche inzwischen ebenfalls mit sensationellen Tennis-Triumphen auf sich aufmerksam gemacht hatte. Wenn wir jetzt anfingen, rechneten wir nach, hätten wir mit unseren 10 Jahren immerhin noch sieben Jahre, um wie Boris mit 17 Wimbledon zu gewinnen. Das sollte reichen! Also quengelten wir so lange bei unseren Eltern, bis sie uns beim nächsten Tennisverein anmeldeten. Diese wuchsen damals so schnell wie nie zuvor, ihre Mitgliederzahlen verdoppelten sich in den 80er Jahren. Doch schon nach einer Weile ließ der Elan nach und wir ahnten, dass wir wohl doch nicht so einfach bis Wimbledon kommen würden. Diese erschütternde Einsicht brachte uns auf den Boden der Tatsachen. Der teure Tennisschläger verstaubte auf dem Dachboden, denn wir hatten längst einen neuen sportlichen Traum: Ballett! Im Fernsehen lief gerade die Weihnachtsserie „Anna" und Silvia Seidel hatte es doch schließlich auch zur Primaballerina geschafft.

Phantasialand und Starlight Express

Neben aller Technikbegeisterung und Coolness boomten in den 80er Jahren Traum-, Fantasie- und Themenwelten. Es entstanden zum Beispiel große Freizeitparks, die eine Mischung aus Riesen-Rummel und Abenteuerspielplatz waren und für uns Kinder zu regelrechten Sehnsuchtsorten wurden. Da waren zum Beispiel das Phantasialand in Brühl, der Heidepark Soltau und das Fort Fun Abenteuerland – sie alle buhlten um den Superlativ, der größte und aufregendste Ort für ein unbegrenztes Familienvergnügen zu sein. Doch nicht alle Familienväter wollten zu dieser Einsicht gelangen, vor allem die horrenden Eintrittspreise sprachen dagegen. Und wer den Eintritt zu zahlen bereit war, hatte noch keine Cola und keine Pommes bezahlt. Außerdem waren nicht alle Vergnügungen im Park im Einritt inklusive. Waghalsige Achterbahnen schröpften die Geldbörse zusätzlich. In vielen Familien blieb daher die Fahrt in eine der verheißungsvollen Anlagen tabu. Wer Glück hatte, kam auf anderem Weg aber dennoch in den Genuss: Manchmal wurde von der Schulleitung ein so genannter „Wandertag" umfunktioniert und dann durften wir Kinder als komplette Busladung in einen der Abenteurparks fahren und bekamen als Schulklasse Mengenrabatt. Ein solcher „Wandertag" war ein Höhepunkt im Schuljahr, denn mit den Klassenkameraden machten Geisterbahn, Karussell und Co. ohnehin mehr Spaß als mit den Eltern. Parallel zu diesen Erlebnisparks, die hauptsächlich uns Kinder faszinierten, kam eine weitere Art von Traumwelt immer stärker in Mode: das Musical, welches vom Broadway übers Londoner West End nach Europa geschwappt kam und als eigene Theaterform zwischen Operette und Rockoper Erfolgsgeschichte schrieb. Allen voran der Musical-Komponist und -Produzent Andrew Lloyd Webber, der den Nerv der Zeit traf, als er das Musical „Cats" ersann. Die Produktion hatte 1986 in Hamburg Deutschlandpremiere und wurde ein sagenhafter Erfolg. Alle wollten die Glamour-Katzen singen und tanzen sehen und die „Cats"-T-Shirts wurden zu einer echten Trophäe. Andrew Llloyd Webber knüpfte an diesen Erfolg nahtlos an mit der neu aufbereiteten Geschichte des „Phantoms der Oper" und der Inszenierung „Starlight Express", welche in der eigens dafür gebauten Starlighthalle in Bochum uraufgeführt wurde.

Egal, ob Besuch eines Musicals oder eines Freizeitparks, es handelte sich um ganz besondere Unternehmungen, die man sich nicht alle Tage leistete und von denen man noch lange zehrte. Den Zeitgeist der 80er prägten sie auf jeden Fall enorm, jene Traum- und Fantasiewelten, in die man abtauchen und den Alltag völlig vergessen konnte. Sofern man dies wollte.

Wet Gel, Walkman und die radioaktive Wolke

1986-1989

Das 11. bis 14. Lebensjahr

Die radioaktive Wolke

Die 80er Jahre waren von kleinen und größeren technischen Revolutionen geprägt. Es bereicherten uns von jenem Jahrzehnt an der bezahlbare Computer, der schwer programmierbare Videorecorder, der CD-Player und das öffentliche Kartentelefon – lange noch bevor die Handy-Manie ausbrechen sollte. Es gab jedoch auch ein Ereignis, das den Fortschritts- und Technikglauben nicht bestärkte, sondern im Gegenteil schwer und nachhaltig erschütterte: War die Nachkriegsgeneration noch in der ständigen Angst vor dem „großen Knall" aufgewachsen, nämlich der Explosion einer Atombombe in einer kriegerischen Auseinandersetzung zwischen Ost- und Westmächten, und hatten unsere Eltern infolgedessen auch noch so engagiert gegen die Nutzung von Atomenergie in der BRD und gegen atomare Aufrüstung demonstriert – es bedurfte schließlich „lediglich" eines schlecht gewarteten Atomkraftwerks im ukrainischen Tschernobyl, um eine atomare Katastrophe herbeizuführen. Am 26. April 1986 passierte dort der Super-GAU, der größte anzunehmende atomare Unfall: Eine Wasserstoffexplosion in einem der vier Reaktorblöcke zerstörte dessen Gehäuse, die Brennstäbe begannen zu schmelzen, und die katastrophale Folge war, dass ein Vielfaches an Radioaktivität freigesetzt wurde als beim Atombombenabwurf über Hiroshima. Im direkten Umfeld des AKWs lebten ca. 100 000 Menschen, deren Evakuierung erst anderthalb Tage nach der Explosion begann. Die radioaktiven Wolken breiteten sich in hoher Geschwindigkeit bis nach Nord- und Mitteleuropa aus. Von

Chronik

28. Januar 1986

Tausende Zuschauer vor Ort und Millionen vor den TV-Geräten sehen mit an, wie in Cape Canaveral der bisher schwerste Unfall der bemannten Raumfahrt passiert: Die US-amerikanische Raumfähre Challenger explodiert kurz nach dem Start mit sieben Astronauten an Bord.

23. Januar 1986

Der Aktionskünstler Joseph Beuys stirbt in Düsseldorf im Alter von 64 Jahren. Er prägte die Vorstellung der Totalität von Kunst in allen Lebensbereichen.

26. April 1986

In der Kernkraftanlage des ukrainischen Tschernobyl kommt es zum Super-GAU. Das bisher schwerste Reaktorunglück bedeutet eine Umweltkatastrophe und kostet vielen Menschen früher oder später das Leben.

6. März 1987

Vor dem belgischen Hafen Zeebrugge kommt es zu einem schweren Fährunglück: Mehr als 200 Menschen kommen ums Leben, als die britische Kanalfähre „Herald of Free Enterprise" innerhalb weniger Minuten kentert.

16. August 1987

Steffi Graf ist die neue Nummer eins im Tennis: Mit dem Sieg beim internationalen Damentennisturnier in Manhattan Beach übernimmt sie die Führung der Tennis-Weltrangliste.

16. August 1988

Aus einem gescheiterten Banküberfall in Gladbeck (NRW) entwickelt sich ein mehrtägiges Geiseldrama, bei dem ein Polizist und zwei Geiseln sterben.

8. November 1988

George H. W. Bush wird zum 41. Präsidenten der USA gewählt.

15. April 1989

Im überfüllten Fußballstadion von Sheffield (Großbritannien) kommt es zu einer Massenpanik, bei der 95 Menschen ihr Leben verlieren.

9. November 1989

Der Eiserne Vorhang fällt. Die DDR öffnet ihre Grenze nach Westdeutschland und West-Berlin.

Mit makaberen Karikaturen auf Missstände aufmerkam machen

Deutschland war zunächst besonders der Süden betroffen, bevor sich die radioaktive Strahlung in der ganzen Bundesrepublik erhöhte. Unsere erschrockenen und verunsicherten Eltern gaben uns anhand strenger Verhaltensregeln weiter, was der Bevölkerung in den Nachrichtensendungen nahegelegt wurde: Wir durften auf keinen Fall mehr im Regen rausgehen, keine frische Milch trinken und kein Blattgemüse essen. Später weitete sich das Verbot auf alles draußen wachsende Obst und Gemüse aus und wir lebten eine Zeit lang mehr oder weniger aus der Konserve. Unsere Großeltern hielten nichts von diesen Vorsichtsmaßnahmen und aßen weiterhin frisches Gemüse. In fünfzehn Jahren, wenn der Krebs gegebenenfalls ausbrechen würde, seien sie wahrscheinlich ohnehin nicht mehr unter uns, meinten sie lakonisch. Für uns Kinder war es eine ziemlich gruselige Zeit,

Große Konzerne geraten zunehmend in die Kritik

denn die Bedrohung war für uns nicht sichtbar und im Grunde unbegreiflich. Wir spürten jedoch die Angst unserer Eltern, Nachbarn und Lehrer und das machte die bisher größte Umweltkatastrophe der Geschichte auch für uns Kinder real. Gudrun Pausewang hatte bereits mit „Die letzten Kinder von Schewenborn" ein aus dem Geist der Friedensbewegung heraus entstandenes Kinder- und Jugendbuch geschrieben, das uns auf eine behutsame, jedoch keinesfalls beschönigende Weise mit dem furchtbaren Szenario eines Atomkriegs konfrontiert hatte. Nun legte sie einen weiteren Titel vor, „Die Wolke", der von einem nuklearen Desaster wie Tschernobyl handelte. Nur, dass hier in einem AKW in Deutschland der Super-GAU passierte. So wurden wir früh und nachhaltig auf die Probleme und Gefahren der friedlichen Nutzung von Kernenergie hingewiesen. Nicht alle Eltern befürworteten dies, denn viele von uns begannen in dieser Zeit schlecht zu träumen und sich mit kindlichen Existenzängsten herumzuschlagen.

Nichts ist unmöglich – Die Japaner kommen

Auf einmal waren sie überall, die Mazdas, Toyotas und Nissans. Mochte mancher anfangs auch noch so sehr die Nase rümpfen – schnell sprach sich herum, dass „Japaner" äußerst verlässlich, gut ausgestattet und vor allem deutlich günstiger waren als vergleichbare deutsche oder europäische Autos. Das verschaffte den Autobauern aus Fernost hierzulande gute Zulassungszahlen und eine gewisse Reputation. Japaner fahren galt als in! 1986 stieg der Marktanteil der Japaner in Deutschland bereits auf 15 Prozent und das erfolgreichste Auto „made in Japan" war der Toyota Corolla mit einem Absatz von 35 000 Fahrzeugen. Zwar verkaufte VW seinen Golf im selben Jahr noch zehnmal so oft, die hiesige Autoindustrie war nun jedoch gezwungen, die Konkurrenz ernst zu nehmen.

Kulinarische Horizonterweiterung

War es wenige Jahre zuvor noch der Besuch in einer jugoslawischen Gaststätte und der Verzehr eines gemischten Grilltellers gewesen, der an kulinarischer Exotik kaum zu überbieten war, so eröffneten in den ausklingenden achtziger Jahren die ersten türkischen Restaurants – der Knoblauch war nicht nur als blutverdünnende und lebensverlängernde Medizin, sondern auch als hoch geschätztes Gewürz aus der Küche der Gastarbeiter in

Mode gekommen. Ein bisschen Überwindung kostete er uns ja schon, der erste Besuch in einem türkischen Restaurant und die Speisekarte wurde eher naserümpfend studiert. Bekam man von Knoblauch nicht fürchterlichen Mundgeruch, der sich womöglich über Wochen hielt, und aßen die Türken nicht ziemlich sonderbare Dinge? Doch spätestens mit dem ersten Bissen der servierten Köstlichkeiten war Schluss mit den hartnäckigen Vorurteilen, die sich nur bei denjenigen hielten, denen der Praxistest verwehrt blieb. Einmal ein Stück zart gegrilltes Lammfleisch oder ein köstlich-frisches Börek mit Spinat verkostet, war die anfängliche Zurückhaltung bereits vergessen und es stand fest: Die bringen wirklich gute Sachen auf den Tisch, die Eltern unserer türkischen Mitschüler und Mitbürger. Natürlich standen weiterhin Nudeln und Pizza hoch im Kurs, auf diesem Gebiet waren wir selbsterklärte Experten und dafür musste man nicht einmal unbedingt den Weg ins Restaurant antreten: Unsere Mütter versuchten sich zunehmend selbst in der Zubereitung italienischer Gerichte, welche mittlerweile mit ebenso großer Selbstverständlichkeit in Mamas Rezeptsammlungen eingingen wie die gute deutsche Hausmannskost. Zwar war man noch weit entfernt von der Renaissance des Rucola oder dem Siegeszug des Basilikum-Pesto in kleinen Gläsern, doch die guten Spaghetti alla Bolognese (der eingedeutschte Name des Gerichts: Spaghettis mit roter Hackfleischsoße) waren eine beliebte Speise auf Kindergeburtstagen, welche in unserem Wortschatz natürlich nicht mehr als solche tituliert wurden: Immerhin befanden wir uns an der Schwelle zur Pubertät und zum Teenie-Dasein! Geschmeckt hat's uns trotzdem. Wenn die großen dampfenden Schüsseln erst einmal auf dem Tisch standen, war das Erwachsen(er)werden vorübergehend kein Thema mehr und die Rollenverteilung zwischen Mutter und hungrigen Kindern wieder ganz klar.

Nummer-Eins-Hits 1986–1989

Modern Talking
„Brother Louie" (1986)

Europe
„The Final Countdown" (1986)

Mel & Kim
„Respectable" (1987)

Desireless
„Voyage, voyage" (1987)

Taylor Dayne
„Tell It To My Heart" (1988)

Kylie Minogue
„I should be so lucky" (1988)

Bobby McFerrin
„Don't Worry, Be Happy" (1989)

Roxette
„The Look" (1989)

Backfische unter sich: Tea-Time

Während die Jungs in den grauen Jahreszeiten zahllose Nachmittage vorm C 64 und Atari verbrachten und ohne große Worte zu machen ihre Reaktionsgeschwindigkeit trainierten, saßen die Mädchen beim trauten Teestündchen beisammen. Um den schwarzen Tee als erstes konsumiertes Genussmittel aus der Erwachsenenwelt rankte sich eine eigene kleine Hobbywelt. Eine Auswahl diverser Tees wurde vom abgezählten Taschengeld erworben

Erste Schminkversuche

und in bunt bedruckten Blechdosen gesammelt. Und es kamen immer neue aufregende Sorten auf den Markt! Das Angebot beschränkte sich mitnichten auf Ostfriesenmischung und Darjeeling – von Vanille über Wildkirsche und Caramel bis Cola-Tee war alles zu haben. Das Teestündchen lief ritualisiert ab. Man traf sich gegen 15 Uhr – nach dem Mittagessen und den Hausaufgaben – und brühte in der elterlichen Einbauküche den Tee der Wahl auf, um ihn dann zusammen mit Kandis und dem kleinen Teeservice ins bestenfalls eigene Zimmer zu transportieren. Das eigene kleine Reich, das mit romantischen Postern, einer Duftkerze, dem Dirty-Dancing Soundtrack oder dem neuen a-ha Album und einem sorgfältig gemachten Bett, mit einer Vielzahl von Kuschelkissen und Stofftieren dekoriert, zum Refugium für den Nachmittag wurde. Was gab es nicht alles bei dem Tässchen heißen Tee zu besprechen. Die erste Verliebtheit, deren Verlauf dem Leinwand-Welterfolg „Pretty Woman" so uberhaupt nicht gleichen wollte und der man eingeschüchtert auf dem Schulhof versuchte, Ausdruck zu verleihen – was nicht gerade einfach war in einer Altersphase, in der viele Mädchen ihre Klassenkameraden um einen Kopf überragten, während diese sich mit dem Stimmbruch abzumühen begannen. „She drives me crazy" von den Fine Young Cannibals und „Don't worry, be happy" von Bobby McFerrin wurden zum Soundtrack eines Sommers in den späten Achtzigern, doch galten für die Mädchenzimmer-Teestunde andere musikalische Ansprüche. Hier wurde gehört, was den Jungs viel zu rührselig gewesen wäre, denn die ernsten Gesprächsthemen verlangten die entsprechende musikalische Untermalung. Was man an einem Nachmittag mit der Freundin nicht erschöpfend besprochen hatte, das führte man abends in einem Briefchen oder im sogenannten Briefbuch aus. Briefpapier zu sammeln war ähnlich populär wie das Horten von Teesorten. Janosch- sowie Steinbeck-Motive (zumeist kleine Fantasie-Tierchen und -Figuren in romantischer Pose) hatten Hochkonjunktur. Eine Ladenkette namens „Korbparadies" verließ sich auf ihre Kundinnen im Backfisch-Alter und brachte massenweise Stifte, Briefpapier, Schachteln und Kistchen, kleine Figürchen, „gebatikte" Halstücher und Duftöle (Apfel!

Kokos! Patchouli!) unter die junge Käuferschaft. Es ließ sich herrlich schwelgen und träumen vom Erwachsensein an diesen Nachmittagen zwischen dem aus dem „Korbparadies" bestückten Setzkasten und Patrick Swayze-Postern, und über allem lag die bittersüße Einsicht, dass es noch eine Weile hin sein würde, bis sich echte Schnittmengen zwischen Cherrycoke-Tee und der Atari-Konsole ergeben würden.

Die Computer-Industrie witterte ihre große Chance: Computerspiele sind der Hit

Der neue „Perso" und die Angst vor der totalen Überwachung

Am 1. April 1987 wurde der neue maschinenlesbare, fälschungssichere Personalausweis eingeführt. Statt eines kleinen Büchleins gab es nun eine in Plastikfolie eingeschweißte Karte, die jede Manipulation oder Fälschung ausschließen sollte. Die Regierung sah in dem neuen Ausweis einen „erheblichen Sicherheitsgewinn im Kampf gegen Kriminalität und Terrorismus". Allerdings war seine Einführung wegen Bedenken von Datenschutzbeauftragten und einer Verfassungsbeschwerde bereits zweimal verschoben worden. Kritiker hatten in dem Ausweis das Werkzeug einer drohenden Massenüberwachung gesehen: Denn erstmals waren hier die Personalien wie Name, Geburtsdatum, Größe und Augenfarbe computerlesbar in Ziffern aufgelöst, wodurch die Daten bei Kontrollen in Sekundenbruchteilen abgetastet werden konnten. Es wurde befürchtet, dass das engmaschige Computer-Netz deutscher Sicherheitsbehörden und die denkbare Verbindung großer Datenbanken eine umfassende Kontrolle jedes Bürgers auch ohne Verdacht ermöglichen würde. Die Mehrheit der Bundesbürger stand der Kennkarte jedoch trotzdem positiv gegenüber, und so konnte sie ab dem 1. April 1987 tatsächlich ausgegeben werden.

Frogger, Pac-Man und Co.

Mitte der achtziger Jahre brach die goldene Zeit der Heimcomputer an, den Vorläufern der Videokonsolen. Ihre Rechenleistung lag – im Vergleich zu aktuellen PCs – gerade mal auf Taschenrechner-Niveau (wobei der Atari 520ST noch vor „Windows" bereits eine grafische Benutzeroberfläche hatte). Für damalige Verhältnisse waren es jedenfalls regelrechte Multimedia-Maschinen, die eine futuristische Atmosphäre in die Wohn- und Jugendzimmer brachten. Vor allem die Jungs beschäftigten sich damit Stunde um Stunde. Der „C 64" (Commodore 64) verkaufte sich zwischen 1982 und 1993 etwa 22 Millionen Mal, die sogenannte „Brotkiste" war für viele der erste Rechner überhaupt und diente den meisten hauptsächlich als verfeinerte Spielekonsole. Es gab aber auch ein paar Tüftler und „Freaks", die mehr wollten: Auf keinem anderen Computer war das Programmieren so schnell zu erlernen, wie auf den beiden kleinen „C"-Heimcomputern (C 64 und C 128). Schon nach wenigen Tagen konnte man, hatte man sich erst mal an das etwas umständliche Eintippen der Quellcodes gewöhnt, erste akzeptable Programme erzeugen.

Das Software-Angebot war zwar enorm groß, doch hier und da wollten ein paar schlaue Köpfe lieber selbst Hand anlegen und eigene kleine Programme schreiben – wer weiß, vielleicht wurde in dieser Zeit bei dem einen oder anderen der Grundbaustein für ein späteres Informatik-Studium gelegt.

Am Computer zu spielen war eine beliebte Nachmittagsbeschäftigung und dabei durften manchmal auch die Mädchen mit ran. Eins der ersten und beliebtesten Spiele war „Pac-Man". Die Legende besagt, dass der Programmierer Toru Iwatani im Jahre 1980 über einem neuen Spielkonzept grübelte. Als sein Blick auf die Pizza fiel, deren erstes angebissenes Stück er gerade in der Hand hielt, erinnerte ihn das an eine Figur mit aufgesperrtem Mund. So wurde angeblich die erfolgreichste Spielserie der damals noch jungen Computerspiel-Industrie geboren. „Pac-Man" wurde schnell zum Superstar. Er wurde auf Tassen gedruckt, prangte auf T-Shirts, Aufklebern und Krawatten. Noch heute sammeln sich im Internet Fans des Pillen fressenden Spielhelden.

Es folgten Spiele wie Frogger, Moon Patrol, Summer Games / Winter Games, Space Invaders und Tetris. So mancher Joystick wurde zerschlissen bei den unzähligen Malen, die man zu dritt oder zu viert vor der Kiste hockte und hochkonzentriert gegeneinander zum Turnier antrat.

Netzhemd und Karottenjeans

Bevor die modisch etwas unaufgeregteren 90er Jahre anbrachen, wurde die Farbskala noch einmal bis aufs Letzte ausgereizt: Neonfarben waren äußerst beliebt – und das nicht mehr nur bei Textmarkern. Vor allem die Welt der Accessoires erstrahlte in futuristischem Farbglanz (Schlüsselanhänger, Taschen, Armreifen, Ohrringe, Haarspangen), aber auch so manches Kleidungsstück machte durch die eigenwillig grelle Farbgebung auf sich aufmerksam. Ein besonders typischer neonfarbener Vertreter war das Netzhemd, das nicht nur im Sommer auf

Spätestens mit 14 wurden wir „cool"

der Haut getragen werden konnte, sondern bei niedrigen Temperaturen auch gerne über das Benetton- oder Jean Pascal-Sweatshirt gezogen wurde. Frottee-Schweißbänder für Stirn und Handgelenke befreiten sich aus dem Korsett der Sport-Ausrüstung und machten den Netzhemd-„Look" perfekt. Überhaupt, der „Look" ging als völlig selbstverständliche Vokabel in unseren Wortschatz über, spätestens als mit der Erfindung des Wet-Gels auf jeder Tube vom „Wet Look" die Rede war. Jungs wie Mädels ließen sich die Haare kurz schneiden oder zumindest stark durchstufen (hinten mussten sie länger sein als vorne!) und schmierten sich beherzt die klebrige Substanz hinein. Besonders der Igel-Look war sehr gefragt. Warum wir gegelte Haare, die wie nass wirkten, erstrebenswert fanden, lässt sich heute nur noch schwer nachvollziehen.

Die wesentlich salonfähigere Alternative zum Netzhemd war im Übrigen das Polohemd, das spätestens mit dem durchschlagenden Erfolg von Boris Becker und Steffi Graf in jeden Kleiderschrank Einzug gehalten hatte. Und wer das seinige wirklich „cool" tragen wollte, der klappte den Kragen hoch. Dieses modebewusste Detail machte auch vor uns Zwölfjährigen nicht

Cool waren auch unsere Sprüche

Halt, die wir 1988 in der sechsten Klasse saßen, unsere Krägen um die Wette aufstellten und unsere Karottenjeans hochkrempelten, damit die Tennissocken besser zur Geltung kamen.

Der Kat kommt

Anfang der 80er Jahre waren die Bundesbürger von Diskussionen um Luftverschmutzung und Waldsterben aufgeschreckt worden. Ausgerechnet das Auto, des Deutschen liebstes Kind, sollte mit seinen Abgasen daran schuld sein! Die Bundesregierung reagierte: Am 19. August 1984 beschloss sie die Einführung von Abgasreinigern, sogenannten Katalysatoren, mit denen der Schadstoffausstoß des Motors deutlich reduziert werden sollte. Ab 1989 mussten alle Neuwagen mit einem „Kat" ausgestattet werden. Der Einstieg in die Katalysator-Ära war gemacht.

Freude, schöner Götterfunken …

Das Ende der deutschen Teilung: Glückstaumel und Bananenhysterie

Zuerst begriffen wir überhaupt nicht, was die ganze Aufregung sollte. Schließlich hatten wir den Bau der Mauer nicht miterlebt und besaßen höchstens rudimentäre geographische Kenntnisse der Deutschen Demokratischen Republik und vielleicht eine noch nie gesehene Tante, die „drüben" lebte. Spätestens am 9. November 1989 kamen wir jedoch nicht mehr drum herum, uns von unseren Eltern erklären zu lassen, weshalb sie dermaßen gebannt die Nachrichtensendungen und das Sonderprogramm verfolgten. Günter Schabowski, der Sprecher der SED, hatte am frühen Abend eher beiläufig den Text einer neuen Reiseverordnung verkündet: Ständige Ausreisen in die Bundesrepublik und nach West-Berlin über alle Grenzübergänge der DDR waren nun möglich und Reisepässe sowie Ausreisevisa für Besuche und Reisen in westliche Länder sollten kurzfristig ausgestellt werden. Diese Worte verbreiteten sich wie ein Lauffeuer und führten in Bonn sogar zur Unterbrechung einer Bundestagsdebatte. Was als Zugeständnis der DDR-Regierung an die Ausreisewilligen gemeint war, ließ die aufgeregten Massen sofort zur Grenze strömen. Um 22.30 Uhr wurde in Berlin der erste Grenzübergang geöffnet. Deutschland stand eine Nacht des Glückstaumels bevor. Zehntausende kamen für einen Kurzbesuch nach West-Berlin und in die grenznahen Orte der BRD. Wir lernten spätestens am Folgetag abends vorm Fernseher, was Freudentränen sind. Es war bewegend, wie sich die Menschen in die Arme fielen und vor Glück weinten. Dass wir einem historischen Großereignis beiwohnten, welches die Weltordnung vom Kopf auf die Füße stellte, wurde uns nur langsam klar.

„Wir sind das Volk!"

Die DDR im Sommer 1989: Aus Enttäuschung über ausbleibende Veränderungen fliehen zehntausende DDR-Bürger über die Botschaften der Bundesrepublik in Prag, Budapest und Warschau in den Westen. Im Land selber gründen sich als Reaktion auf die Massenflucht neue Oppositionsgruppen, in Leipzig treffen sich jede Woche mehr Menschen zur sogenannten „Montagsdemonstration". Ihre Forderungen: Demokratie, Meinungs- und Reisefreiheit.

Am Rande der Jubelfeiern zum 40. Jahrestag der DDR kommt es am 7. Oktober 1989 auch in Ostberlin erstmals zu größeren Demonstrationen: Während sich im „Palast der Republik" die SED-Führung hochleben lässt, rufen draußen Tausende „Wir sind das Volk" – die Losung wird zur Parole der friedlichen Revolution. Der sowjetische Staatschef Gorbatschow, der zu den offiziellen Feierlichkeiten eingeladen ist, warnt die DDR-Führung mit seinem berühmt gewordenen Satz „Wer zu spät kommt, den bestraft das Leben" davor, den Ernst der Lage zu unterschätzen und weiterhin Reformen zu verweigern.

Am folgenden Montag demonstrieren in Leipzig bereits 75 000 Menschen. Das im Vorfeld befürchtete Blutbad bleibt aus, weil sich Leipziger Bürger mit Mitgliedern der örtlichen SED-Führung auf einen Appell zur Gewaltfreiheit verständigen konnten. Mit diesem Gewaltverzicht der staatlichen Organe ist die „Wende" endgültig unumkehrbar geworden.

Der Versuch der SED-Spitze, mit der Ablösung Honeckers und einem Angebot zum Dialog die Bevölkerung zu besänftigen und damit selbst wieder in die Offensive zu kommen, schlägt fehl. Die Protestbewegung ist längst zu stark geworden. Am 4. November kommt es in Ostberlin zur größten Demonstration in der Geschichte der DDR: Über eine halbe Million Menschen versammeln sich auf dem Alexanderplatz, prominente und nicht-prominente Redner, u.a. die Schriftsteller Christa Wolf und Christoph Hein sowie der Schauspieler Ulrich Mühe wenden sich an die Menge. Kurz darauf tritt die gesamte Ministerriege der DDR zurück. Am 9. November 1989 fällt die Mauer.

Werbe-Hits

In den 80er Jahren wurden die Werbespots in Kino und Fernsehen zu einer eigenen Kunstform, wobei vor allem der gezielte Einsatz von Musik aus den Reklamehäppchen regelrechte Kurzfilme machte. Vorreiter war der Jeanshersteller Levi's, der mit seinen aufwändig produzierten Spots für die begehrte Jeans 501 ganz nebenbei ein buchstäbliches 50er-Jahre-Revival auslöste: Ein knackiger Kerl, der sich mit Jeans in die Badewanne legt, während Sam Cooke „Wonderful world" singt, oder der sexy Strip eines Mannes im Waschsalon, unterlegt mit Marvin Gayes Song „I heard it through the Grapevine", machten aus der Jeans das begehrteste Kleidungsstück seiner Zeit und die alten Songs zu neuen Hits.

Andere wiederum schrieben sich die Hits einfach selber: Der Eishersteller Langnese etwa ließ sich für einen 90-sekündigen Kinospot eigens einen Soundtrack mit dem Refrain „Like ice in the sunshine" komponieren, der dann auf Grund großer Publikumsnachfrage auf normale Radiosong-Länge getrimmt wurde und als Single in die Läden kam (Bis heute ist das Stück die Melodie der Eiswerbung und wurde inzwischen schon mehrfach neu eingespielt). Ähnlich machte es der Konzern Coca-Cola, der einen Song mit dem Werbeslogan „Coca-Cola is it" produzieren ließ. Das Stück, gesungen von Robin Beck, wurde parallel auch als Single mit dem Titel „First time" veröffentlicht, führte 1988/1989 die Hitparaden an und durfte auf keiner Fete im Hit-Sortiment fehlen.

Levi's 501

Vorstufe zum Bluestanzen

Klassenfahrt und Konfer-Freizeit

Wir wurden von den bedeutenden politischen Ereignissen durch den in dieser Zeit für die Evangeliken unter uns beginnenden Konfirmations-Unterricht (in unserem Wortlaut „Konfer") abgelenkt. Von jetzt an galt es, sich pro Woche einmal tiefgehend mit dem Neuen Testament zu befassen, zu singen, zu beten und sich auf die dreitägige „Konfer-Freizeit" zu freuen. Man begann von den Geschenken zu träumen, die es haufenweise regnen würde und überlegte, ob man sich eine Kompaktanlage wünschen oder von den Geldpräsenten selbst kaufen sollte. CD-Player sollten erst ein, zwei Jahre später erschwinglich werden, und so waren die meisten eher zögerlich und beschlossen, damit noch zu warten. Darüber, dass die Ära der Schallplatte sich ihrem Ende zuneigte und es wenig

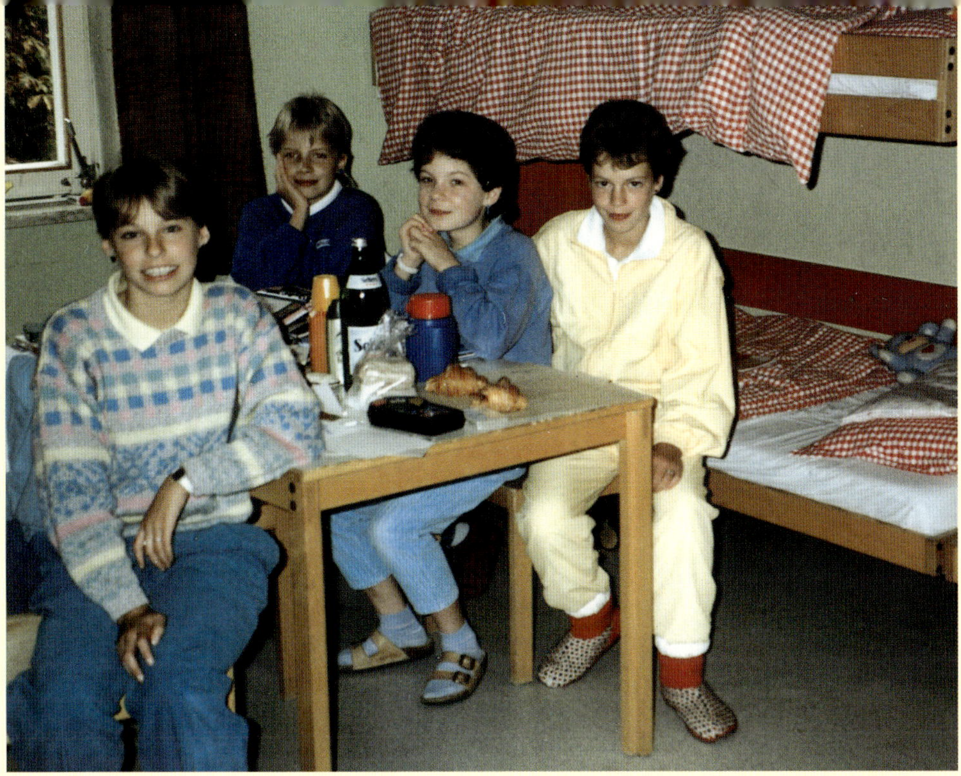

Abenteuer: Klassenfahrt und „Konfer"-Freizeit

Sinn ergab, sich einen neuen Plattenspieler zu kaufen, herrschte jedoch allgemeines Einverständnis. Der Tag der Konfirmation war ungeheuer aufregend und wir fühlten uns wahnsinnig wichtig und erwachsen. Unsere Mütter hatten schon tagelang vorher mit dem Kuchenbacken begonnen und kredenzten diese auf einer langen, festlich gedeckten Kaffeetafel. Nach der Kirche, dem „offiziellen Teil", kam die gesamte Verwandtschaft zu Besuch und drängte sich ins heillos überfüllte Wohnzimmer. Die Jungs bekamen ihren ersten Schnaps und nicht wenige ihren ersten Vollrausch verpasst. Wir Mädchen drehten uns selbstverliebt vorm Spiegel hin und her, denn endlich durften wir einmal ungeniert so viele Rüschen und Schleifen tragen wie in unseren romantischsten Träumen. Als der ganze Zauber vorbei war, fühlten wir uns dem Erwachsenenleben jedoch kein Stück näher. Wir waren vierzehn und auf dem Zenit unserer Pubertät – wer wir eigentlich wirklich waren, hatten wir noch lange nicht herausgefunden.

Wende, WM und: „Wann werde ich endlich 18?"

Das 15. bis 18. Lebensjahr

Andi Brehme Fußballgott

Am Sonntag, den 8. Juli 1990, es muss kurz vor 22 Uhr gewesen sein, ging ein gewaltiger Aufschrei durch die deutschen Lande: Andi Brehme hatte gerade im fernen römischen Olympiastadion im Finale der Fußball-Weltmeisterschaft einen Elfmeter verwandelt! Die deutsche Mannschaft führte hochverdient 1:0 gegen Argentinien und stand kurz davor, Weltmeister zu werden. Doch noch waren 5 Minuten zu spielen, und für uns, die wir mit unseren Eltern, Freunden und den Nachbarn vor dem Fernseher saßen, wurden es die längsten 5 Minuten unseres Lebens ... Zäh flossen die Sekunden dahin, doch dann war es endlich so weit: Der Schiedsrichter schaute auf die Uhr, pfiff, und kurz darauf spielten sich auf deutschen Straßen und Plätzen Szenen ab, die man allenfalls den temperamentvollen Italienern zugetraut hätte: Wildfremde Menschen fielen sich in die Arme, hupende Autos verstopften die Straßen und überall schwarz-rot-goldene Fahnen! Deutschland nahm in dieser Nacht seine Wiedervereinigungsfeier vorweg, die Glückseligkeit kannte keine Grenzen: Ob Ost oder West – das ganze Land lag sich in den Armen. Neun Monate nach dem Mauerfall war Deutschland Fußballweltmeister! Die Glückseligkeit täuschte allerdings darüber hinweg, dass die WM in „Bella Italia" eine der schwächsten der Geschichte war: Viel Defensivfußball und viele Spiele, die erst durch Elfmeterschießen entschieden wurden, prägten das Turnier. Rekordverdächtig war es nur in einer Hinsicht: So wenige Tore pro Spiel waren bisher noch bei keiner WM gefallen. Auch der deutsche Weg ins Finale verlief

Chronik

18. Juli 1990
Im Endspiel der WM treffen Deutschland und Argentinien aufeinander – die deutsche Nationalelf wird Fußballweltmeister.

3. Oktober 1990
Mit dem Beitritt der Gebiete der DDR samt Ost-Berlins zum Geltungsbereich des Grundgesetzes für die BRD wird die Wiedervereinigung der beiden deutschen Staaten vollzogen.

12. Oktober 1990
Wolfgang Schäuble, deutscher Bundesminister des Innern, wird bei einem Schussattentat schwer verletzt.

16./17. Januar 1991
Eine alliierte Koalition aus 33 Staaten (Golfkriegs-Koalition) eröffnet mit einer Luftoffensive die Kampfhandlungen gegen den Irak (Operation Desert Storm).

14. Dezember 1991
In Berlin findet der erste Mayday-Rave statt, ins Leben gerufen von DJ Dick, Westbam und der Zeitschrift „Frontpage".

3. November 1992
Bill Clinton gewinnt in den USA die Präsidentschaftswahlen.

23. November 1992
Bei einem Brandanschlag auf zwei Häuser in Mölln werden eine 51-jährige türkische Frau und zwei Mädchen im Alter von zehn und 14 Jahren ermordet. Die Täter sind zwei rechtsradikale junge Männer.

30. April 1993
Ein geisteskranker Fan Steffi Grafs sticht bei einem Turnier in Hamburg Monica Seles ein Messer in den Rücken. Die Weltranglistenerste wird schwer verletzt.

6. Mai 1994
Die britische Königin Elisabeth II. und Frankreichs Staatspräsident Mitterand eröffnen den Eurotunnel unter dem Ärmelkanal zwischen Calais und Folkestone.

28. September 1994
Die Fähre Estonia schlägt in der Ostsee leck und sinkt innerhalb von 30 Minuten. 918 der 1048 Fahrgäste kommen ums Leben.

Grenzenloser Jubel in Rom

weniger glorreich, als es die durch den Weltmeistertitel gefärbten Erinnerungen im Nachhinein vorgaukelten: Sicher, das 4:1 gegen Jugoslawien im Auftaktspiel war eines der besten Spiele in der Geschichte des deutschen Fußballs, mit einem überragenden Lothar Matthäus als Regisseur. Doch schon das Achtelfinale gegen die Niederlande wurde aus ganz anderen, weniger schönen Gründen unvergesslich: Die Spuckattacke von Frank Rijkaard gegen Rudi Völler war eine der hässlichsten Szenen, die je bei einer Fußball-Weltmeisterschaft zu sehen war. Die deutsche Mannschaft gewann dennoch verdient mit 2:1. Ab dem Viertelfinale gelang den Deutschen dann allerdings kein Tor mehr aus dem Spiel heraus, sie kamen nur dank Elfmetern weiter. So auch im großen Finale gegen die Argentinier, die – wie schon im gesamten Turnierverlauf – müde und uninspiriert wirkten und den Deutschen nie gefährlich werden konnten. Diego Maradona, der Kapitän der Argentinier, der vier Jahre zuvor noch mit seinen Dribblings die Fußballfans in aller Welt verzaubert hatte, weinte nach dem Abpfiff bitterlich, während die deutschen Spieler sich vor Freude über den Triumph fast erdrückten.

Alles über unsere Lieblinge: Popcorn, BRAVO und Co.

Die deutsche Aufstellung im WM-Finale 1990

Bodo Illgner, Andreas Brehme, Jürgen Kohler, Klaus Augenthaler, Guido „Diego" Buchwald, Thomas Berthold (73. Stefan Reuter), Lothar Matthäus, Thomas „Icke" Häßler, Pierre Littbarski, Rudi Völler, Jürgen Klinsmann

Der Walkman, das Dr. Sommer-Team und der Star-Schnitt

Für uns waren sie kleine Wunderkisten: Diese tragbaren Kassettenabspielgeräte, kurz „Walkman" genannt. Mit ihnen ging man auch an den trübsten Wintertagen mit einem Lächeln zur Schule, denn mit dem Lieblingslied im Ohr sah die Welt sofort ganz anders aus. Mithilfe des Walkmans verpassten wir dem Tag unseren ganz persönlichen Soundtrack. So konnte uns selbst eine ganz normale Busfahrt wie eine Hollywood-Filmszene erscheinen, in der wir die Hauptrolle spielten. Sophie Marceau hatte es uns in der Teenager-Romanze „La Boum" bereits vorgemacht: Dort setzt ihr ein Junge, noch dazu ihr „Schwarm", auf einer Party seinen Walkman auf und im nächsten Moment tanzen die beiden eng umschlungen zur Ballade „Dreams are my reality", während um sie herum alle zu rockiger Diskomusik herumhüpfen. Nur der Walkman konnte solche wunderbaren Momente schaffen!

Dass die Kopfhörer uns dabei mit ihrem sperrigen Bügel quer über den Kopf – anders als Sophie Marceau – nicht allzu vorteilhaft aussehen ließen, nahmen wir gern in Kauf. Und dass sie ganze Abteile im Nahverkehr mitbeschallten, störte höchstens die älteren

Drei Jungs aus Norwegen: a-ha

Robert Smith war der Guru der Grufties

Herrschaften, die im Bus neben uns saßen. Aber deren Beschwerden hörten wir ja nicht, da es unter unseren Kopfhörern immer noch laut genug war. Erst, als es manchmal ein bisschen in den Ohren rauschte, wenn wir den Walkman beiseite legten, besannen wir uns auf die Warnungen unserer Eltern vor Gehörverlust und hörten beim nächsten Mal ein wenig leiser. Doch ganz verzichten konnten wir auf unsere Musik für unterwegs nicht. Beim übernächsten Mal wurde wieder voll aufgedreht und Depeche Mode oder a-ha verschönerten uns den Tag.

Um uns über unsere verehrten Popstars und Idole zu informieren, investierten wir regelmäßig unser Taschengeld in Zeitschriften wie Bravo, Poprocky und Popcorn. Hier gab es ausführliche Fotostrecken unserer Lieblinge, Interviews und vor allem Poster. Wir kleisterten unsere Zimmer so mit Postern zu, als wollten wir noch das kleinste Restchen Tapete überdecken. Gerne hängten wir die Konterfeis unserer Idole auch schräg auf oder ließen die Poster einander überlappen. Wer sich die Bravo wöchentlich kaufte, bastelte eifrig die in Folge beigelegten Star-Schnitte zusammen, um schließlich Madonna, Martin Gore oder Morten Harket in Lebensgröße neben dem Kleiderschrank hängen zu haben. Natürlich wurde ganz nebenbei auch zur Kenntnis genommen, was das Dr. Sommer-Team auf brennende Fragen – z. B. ob man im Schwimmbad schwanger werden könne und ob man normal sei, wenn man mit 15 noch nie Petting hatte – zur Antwort gab.

Generation Golfkrieg: Kein Blut für Öl

Im August 1990 waren irakische Truppen in Kuwait einmarschiert, plünderten und besetzten das Land. Schon wenige Stunden nach der Invasion verurteilte der UN-Sicherheitsrat die Invasion und verlangte den Rückzug der irakischen Truppen. Am 16. Januar 1991, ein Tag, nachdem ein Ultimatum des Sicherheitsrates abgelaufen war, begann ein internationales Bündnis unter Führung der USA mit der Operation „Desert Storm": Die Alliierten flogen massive Luftangriffe gegen den Irak, die schnell Wirkung zeigten: Militärische Ziele, Flughäfen, Elektrizitätsanlagen, Nachrichtentechnik, Ölraffinerien, Eisenbahnen und Brücken wurden zerstört und auch Zivilisten getötet. So bombardierten die Alliierten einen Konvoi von irakischen Truppen, der sich bereits auf dem Rückzug befand und zum Teil auch aus Zivilisten bestand. Am 27. Februar 1991, einen Tag nachdem die irakischen Truppen mit dem

Schülerdemonstration gegen den Golfkrieg

Rückzug aus Kuwait begonnen hatten, verkündete US-Präsident George Bush schließlich die Waffenruhe.

Für uns Schüler waren es bewegte Tage, in denen sich erstmals politisches Bewusstsein und das dringende Bedürfnis, „etwas zu tun", herausbildeten. Die Lehrer hatten Verständnis, stellten den normalen Unterricht zurück und diskutierten mit uns die Situation. Auch die Schuldirektoren unterstützten unseren Handlungstrieb und gaben uns für die große Demonstration und Kundgebung unter dem Motto „Kein Blut für Öl" schulfrei, gestatteten tägliche Versammlungen zum gemeinsamen Singen von Friedensliedern („We shall overcome") und gaben die Aula frei für Mahnwachen, die sogar über Nacht abgehalten werden durften. Der Soundtrack dieser Tage war ein Hit von R.E.M. mit dem Titel „It's the end of the world, as we know it – and I feel fine", der gerade als Single erschienen war (herausgekommen war der Song bereits 1987 auf dem Album „Documents"). Auch wenn es ein bisschen makaber klingt, wir waren nun einmal im perfekten Alter für pathetische Weltuntergangsstimmung und die gemeinsamen Mahnwachen, Aktionsgruppen und Protestkundgebungen schweißten uns natürlich ungeheuer eng zusammen. Klar, dass so das eine oder andere Pärchen zusammenfand – wer sagt denn, dass man sich in Krisenzeiten nicht verlieben kann? Wir feierten, als der erste große Schreck über den Kriegsausbruch vorbei war, trotzdem Feten und tanzten Blues und in diesen Momenten war die wesentlich weltbewegendere Frage, ob es trotz fester Zahnspange zum ersten Zungenkuss kommen würde oder nicht.

Lichterketten gegen rechts

Nicht nur der Golfkrieg und somit die weltpolitische Großwetterlage gaben Anfang der 90er Grund zur Sorge und schufen Handlungsbedarf. Deutschland hatte einmal mehr allen Anlass, vor der eigenen Türe zu kehren, denn Demokratie und Menschenwürde wurden von Rechtsextremismus und Ausländerfeindlichkeit bedroht. Immer wieder kam es

Eine neue Form des Protestes: Lichterketten

zu Gewalt und Anschlägen mit rechtsradikalem Hintergrund. Im Jahr 1992 nahmen diese Vorfälle sprunghaft zu: Der blinde Hass forderte insgesamt 17 Tote. Skinheads und Neonazis, oft noch im jugendlichen Alter, verübten bestialische Angriffe auf ausländische Mitbürger, auf Obdachlose, Behinderte und auf Menschen, die sich öffentlich gegen die barbarischen Geschehnisse der Nazizeit aussprachen und den Fremdenhass verurteilten.

Im August 1992 verursachten Rechtsextremisten in Rostock-Lichtenhagen schwere Krawalle, an deren Anfang eine Demonstration gegen die Zentrale Aufnahmestelle für Asylbewerber stand, welche im Juli vollkommen überfüllt war und die Asylbewerber dazu zwang, mitten in einem Wohngebiet im Freien zu campieren. Die Bilder von umgestoßenen Autos, dem brennenden Asylbewerberheim und den rechtsextremen Randalierern, die den Flammen den „Hitlergruß" entbieten, gingen um die Welt und schädigten das Ansehen der Bundesrepublik nachhaltig. Besonders erschütternd war nicht nur die Brutalität der Randalierer, sondern dass sie von Tausenden Schaulustigen, von sogenannten „normalen Leuten", ermuntert und angestachelt wurden.

Gerade die neuen Bundesländer, in denen sich existentielle Zukunftsängste und enttäuschte Hoffnungen seit der Wiedervereinigung schnell verbreitet hatten, waren von den rechtsradikalen Unruhen stark betroffen. Die meisten Anschläge wurden 1992 zwar in Nordrhein-Westfalen verübt. Umgerechnet auf die Bevölkerungszahl lagen Mecklenburg-Vorpommern und Brandenburg jedoch weit vorne. Der traurige Höhepunkt der Gewaltwelle von rechts, die über Deutschland hinwegschwappte, waren die Morde von Mölln bei Lübeck. Bei einem Brandanschlag auf zwei Wohnhäuser wurden eine 51-jährige türkische Frau und zwei Mädchen im Alter von zehn und 14 Jahren ermordet. Erstmals waren nicht ausländische Flüchtlinge betroffen, sondern schon seit vielen Jahren in der BRD lebende Türken, was das tatsächliche Ausmaß rechtsradikaler Gefahr verdeutlichte. Die Täter, zwei junge Männer, meldeten sich unmittelbar nach der Tat mit „Heil Hitler"-Rufen bei der Polizei und Feuerwehr. Spätestens nach den tragischen Ereignissen in Mölln suchten viele deutsche Bürger nach Mitteln, um ihrer Wut, Trauer und ihrem Entsetzen Ausdruck zu verleihen. Den Politikern warf man vor, viel zu spät und viel zu lax auf den enormen Rechtsruck in Deutschland zu reagieren, für den viele auch die polemisch geführte Asyldebatte verantwortlich machten. Ungezählte Initiativen wurden gegründet, welche Demonstrationen organisierten und Einsatz gegen Intoleranz und Ausländerhass zeigten. Dabei kam eine neue Form des stillen Protests auf, welche die Botschaft in Deutschland und in der ganzen Welt verbreiten sollte, dass bei weitem nicht das gesamte deutsche Volk von expliziter oder latenter Ausländerfeindlichkeit durchsetzt war: Es erstrahlten die Lichterketten gegen rechts. Bereits am 6. November 1992 hatten 300 000 Menschen in Berlin an einer offiziellen Großkundgebung teilgenommen, mit der auch die obersten Repräsentanten der deutschen Politik gegen den Fremdenhass demonstrierten. Am Abend des 6. Dezember 1992 bildeten 400 000 Menschen in München eine unübertroffen lange Lichterkette, sie erstreckte sich über 45 Kilometer. Diese Bilder gingen um die Welt. Doch auch in vielen anderen Städten versammelten sich zahlreiche Bürger auf den Straßen, darunter auch Eltern mit kleinen Kindern und natürlich auch wir Schüler, die wir uns vormittags in der Schule dazu verabredet hatten, mitzuprotestieren. Auch wir trugen Marmeladen- und Einmachgläser vor uns her, in die wir Teelichter oder dicke Stumpenkerzen gestellt hatten. Der Spätherbst war schon ziemlich kalt, aber die optische Wärme, die von dem Lichtermeer ausströmte und die unsere Solidarität mit den Opfern symbolisieren sollte, half uns über die eisigen Hände und Füße hinweg.

Wir versuchten zu begreifen, dass wir das, was wir unlängst in der Schule über den Nationalsozialismus gelernt hatten, in Zusammenhang bringen mussten mit den schrecklichen Ereignissen und rechtsradikalen Übergriffen der letzten Monate. Es kam uns die Erkenntnis, dass – genau wie damals in den 30er Jahren – an den schweren Ausschreitungen und Übergriffen abzulesen war, dass es in Deutschland einen Nährboden für intolerantes und ausländerfeindliches Denken gab und dass wir bereits auf dem Schulhof Zivilcourage zeigen mussten, um diesen Einstellungen von vornherein die Stirn zu bieten. Es war die Zeit, in der wir begannen, uns als Staatsbürger einer Demokratie zu fühlen, deren Werte und Grundrechte keine immer währende Selbstverständlichkeit waren, sondern die es zu verteidigen galt.

Nummer-Eins-Hits 1990–1993

Phil Collins
„Another Day In Paradise" (1990)

Sinéad O'Connor
„Nothing Compares 2 U" (1990)

Scorpions
„Wind Of Change" (1991)

Salt ‚n' Pepa
„Let's Talk About Sex" (1991)

U 96
„Das Boot" (1992)

Inner Circle
„Sweat, A La La La La Long" (1992)

Ace of Base
„All That She Wants" (1993)

Pet Shop Boys
„Go West" (1993)

Der erste Medienkrieg

Der Golfkrieg wurde später der erste „Medienkrieg" genannt, weil die Bombardements auf Bagdad live auf CNN übertragen wurden und weil Journalisten kaum Zugang zu unabhängigen Informationen hatten. Auf beiden Seiten wurden Berichte verfälscht und zur eigenen Rechtfertigung Gräuelberichte in den Massenmedien lanciert. So wurde beispielsweise die sogenannte „Brutkastenlüge" bekannt: Den irakischen Truppen war vorgeworfen worden, in kuwaitischen Krankenhäusern Babys aus Brutkästen gerissen und dadurch ermordet zu haben. Nach dem Krieg stellte sich heraus, dass diese Geschichte von einer Medienfirma erfunden worden war, unter Zuhilfenahme der Tochter des kuwaitischen Botschafters, die als vermeintliche Zeugin vor dem US-Kongress eine geschauspielerte tränenreiche Rede zum Besten gab. Auf irakischer Seite wurden wiederum zerstörte Industrieanlagen als Anlagen zur Gewinnung von Milchpulver ausgegeben. Seitens der Friedensbewegung wurde den US-Alliierten unterstellt, den Krieg vorrangig um den Zugang zu den riesigen Ölfeldern in Kuwait zu führen. Der Ruf „Kein Blut für Öl" wurde zum Slogan der vielen Antikriegsdemonstrationen und nächtlichen Mahnwachen, die trotz winterlicher Temperaturen während des Krieges in fast allen deutschen Städten stattfanden.

BPM = Beats per minute

In den neunziger Jahren eroberte eine Musikrichtung die Welt, die einen ähnlichen Wirbelsturm der Begeisterung und gleichzeitigen Entrüstung auslöste, wie seinerzeit die Beatles und die Stones: TECHNO. Unsere Eltern konnten es nicht fassen und reagierten auf „diesen Krach" bestürzt, genervt und mit

Für Konzerte gaben wir unser Taschengeld aus

reichlich Kulturpessimismus. Das soll Musik sein? Dazu soll man tanzen können? Das ist ja der reinste entmenschlichte Maschinenlärm! Zum Glück durften verschiedene Genres in halbwegs friedlicher Koexistenz miteinander existieren, es gab schließlich auch noch Rock, Pop, Hip Hop, Soul usw., und viele Eltern stellten recht bald erleichtert fest, dass es beim halbwüchsigen Nachwuchs nicht jedermanns Sache war, sich das gesamte Wochenende in einem Techno-Club oder auf einem Rave um die Ohren zu schlagen. Zu Techno-Musik tanzte man Tag und Nacht, ohne Rücksicht auf Schlafbedürfnis oder Familienleben und – weit schlimmer noch als das – einige begannen, sich mehr und mehr für Drogen zu interessieren, die das euphorische Nonstop-Gezappel zu monotonen Bässen überhaupt erst körperlich ermöglichten. Und so trat eine Art elektronische Hippie-Bewegung ihren Siegeszug

an, die Red Bull, Ecstasy und LSD hochleben ließ und von kollektiven Gemeinschafts- und Liebeserlebnissen schwärmte. Der DJ wurde zum Gott hochstilisiert und das gigantischste Zeremoniell der Techno-Adepten war, wenn man so will, die Loveparade. Bereits 1993 tanzten 31 000 junge Menschen unter dem Motto „The Worldwide Party People Weekend" über den Berliner Kurfürstendamm und hatten dabei wohl das Gefühl, die Alleinherrschaft über den Planeten angetreten zu haben. Weit gefehlt. Wie oben angedeutet, gab es nicht wenige Teens, die Techno verachteten oder schlichtweg ignorierten. Es gab mehr als eine Parallelwelt. Guns' n' Roses, Lenny Kravitz, U2, Madonna – um nur einen Bruchteil der alternativen musikalischen Ausrichtungen zu skizzieren. Auf große Konzerte zu gehen und dafür einen Batzen Geld auf den Tisch zu legen, war keine Ausnahme, sondern ein funktionierender Kreislauf von Angebot und Nachfrage. Die Stars tourten (um den Verkauf von Alben anzuheizen) und wir mussten sie unbedingt sehen (und hören!), koste es, was es wolle. Oder zumindest fast.

Damit einher ging eine technische Revolution, die sich anschickte, dem Vinyl den Garaus zu machen: Plattenspieler und Kassettenrecorder wurden vom CD-Player abgelöst. Der perfekte digitale Klang würde uns die analoge Gemengelage von rauschenden und knisternden Störgeräuschen schlagartig abgewöhnen, so hieß es. Wäre nicht das höchste der Gefühle ein eigenes Gerät? Wir fieberten Weihnachten oder dem nächsten Geburtstag entgegen. Als das Objekt der Begierde endlich in unserem Jugendzimmer prangte, ließen wir unsere Kassetten- und Schallplattensammlungen stiefmütterlich links liegen. Jahrelang hatten wir sie gehegt und gepflegt, Stunde um Stunde vor dem Radio verbracht, um uns via „Record"-Taste aus den Hitparaden gefällige Mix-Kassetten zusammenzustellen. Doch nun gab es die Taschengeld-verschlingende CD und wir arbeiteten an einer neuen musikalischen Kollektion.

Die „MTV-Generation"

Allmählich verfestigte sich ein neuer Begriff, „MTV-Generation". Damit waren wir gemeint! Man sorgte sich um unsere Konzentrationsfähigkeit. Unsere geistige Rezeption sei vornehmlich von kurzen Informations- und Unterhaltungshäppchen im Stil der MTV-Videoclips geprägt und deswegen bereite es uns angeblich echte Qualen, längere Texte zu erarbeiten. Die MTV-Generation sei quasi nicht in der Lage, mehr als fünf Minuten einem Thema zu folgen, das nicht bunt und zappelnd präsentiert wird. Kulturpessimismus pur.

Sophie Marceau in „La Boum"

Berühmte Filme der 80er und 90er Jahre

1981
„La Boum – Eltern unerwünscht" wird zum Teenie-Dauerbrenner der 80er.

1982
Der heimwehkranke **„E.T. – Der Außerirdische"** rührt Millionen großer und kleiner Kinobesucher zu Tränen.

1985
„Otto – Der Film" läuft an und wird zum erfolgreichsten und lustigsten Film der 80er Jahre.
Michael J. Fox reist „Zurück in die Zukunft". Geschichtsphilosophie für Teenager!

1987
„Dirty Dancing" mit Patrick Swayze und Jennifer Grey löst einen Run auf Tanzschulen in ganz Deutschland aus und wird zum Kult-Streifen der späten 80er Jahre.
„Stand by me – Das Geheimnis eines Sommers" mit dem noch ganz jungen River Phoenix läuft an. Die Geschichte einer Jungs-Freundschaft packt uns Mädchen mindestens genauso sehr. Wir haben alle eine Träne im Knopfloch.

1989
Peter Weirs Film **„Der Club der toten Dichter"** bringt eine ganze Generation von Schülern dazu, über den Sinn des Lebens nachzudenken.

1990
Ein neuer Star ist geboren! **„Pretty Woman"** mit Julia Roberts läuft in den deutschen Kinos an.

1991
Mit **„Go Trabi Go"** kommt die Wiedervereinigung auch im Kino an.
Bei der Oscar-Verleihung gewinnt Kevin Costners Film **„Der mit dem Wolf tanzt"** (1990) sieben „Academy Awards", u. a. als bester Film und für die beste Regie.
„Das Schweigen der Lämmer" mit Anthony Hopkins als Kannibale Hannibal Lector und Jodie Foster als FBI-Agentin garantiert Ekel, Schauer und Gruseln vom Feinsten.

1992
Kein Film sorgt 1992 für mehr Wirbel als der Erotik-Thriller **„Basic Instinct"** mit seinen Gewalt- und Sexszenen und Sharon Stone als eiskaltem Vamp.

1993
Mit Steven Spielbergs computeranimierten Dinosauriern in **„Jurassic Park"** beginnt ein neues Zeitalter für das Special-Effect-Kino.

Pauken für die Führerscheinprüfung

Fahrschule – Eine harte Prüfung

Es gehörte zum guten Ton und stand für viele von uns von vornherein fest, möglichst um den 18. Geburtstag herum den Führerschein zu erwerben – dafür sparten wir selbst oder unsere lieben Eltern schon lange zuvor. Manche hatten „die Pappe" sogar schon in der Tasche, wenn sie ihren 18. Geburtstag feierten und durften jetzt endlich losfahren. Diejenigen, die aufs gymnasiale Abitur oder das Fachabitur zusteuerten, machten in dieser Phase eine anstrengend-aufregende und für manch einen auch zermürbende Zeit der Prüfungen durch. Die eigenen Eltern und so manch ein Verwandtschaftsmitglied bestätigten es uns bereits im Voraus: „Die Fahrprüfung ist im Grunde die härteste im Leben, dagegen ist selbst das Abitur eine Spazierfahrt." Und irgendwie sollten sie Recht behalten. Auf diese eine Stunde praktische Fahrprüfung konnte man sich noch so gut und lange vorbereiten – es blieben dennoch tausend Unsicherheitsfaktoren (beispielsweise alle anderen Verkehrsteilnehmer!), die durch unvorhergesehenes Verhalten, dem man bei all der Aufregung nicht gewachsen war, den Traum von der eigenen Pappe zerplatzen lassen könnten. Doch der Weg ist das Ziel und bevor man sich für die finale Fahrstunde den Gurt anlegte, kamen lange Wochen des theoretischen und praktischen Lernens: Die Straßenverkehrsordnung rauf und runter. In der Fahrschule galt es nicht nur, den pädagogisch-didaktisch mal besseren, mal unerträglich schlechten theoretischen Unterricht abzusitzen. Es musste auch eine Vielzahl von Fragebögen mit sich steigerndem Schwierigkeitsgrad ausgefüllt werden, auf denen man mithilfe von kleinen Zeichnungen mit allen möglichen Verkehrssituationen konfrontiert wurde. Der Blick auf Autos und Autofahrer veränderte sich: Man sah ihnen sehnsüchtig hinterher, wenn man nach dem Unterricht den Heimweg antrat. An dieser Stelle wäre es schlichtweg gelogen, wenn man nicht zugäbe, dass es nicht unerhebliche Differenzen zwischen weiblichen und männlichen Fahranfängern gab. Gingen wir Teenager doch mit einem ziemlich abgeklärten

Begriff von Gleichberechtigung in die neunziger Jahre und somit ins Erwachsenenleben, so gab es natürlich in manchen Hinsichten dennoch unleugbare Geschlechterunterschiede. Nicht, dass die männlichen Fahrschüler grundsätzlich die besseren gewesen wären, mit genetisch vorprogrammierter Begabung zum Rückwärtseinparken – nein, es gab durchaus auch Jungs, denen in der Prüfung die Unwägbarkeiten, welche eine Autofahrt im „echten" Straßenverkehr nun einmal ausmachen, zum Verhängnis wurden – es gab jedoch diesen einen gravierenden Unterschied: Die Söhne (über)eifriger Väter konnten nämlich vom rein technischen Gesichtspunkt aus gesehen bereits Auto fahren, als sie die erste Fahrstunde erwartungsfroh antraten! Während man uns Mädels zunächst mühevoll das Prinzip von Gas, Kupplung und Bremse erläutern musste, setzen jene sich ans Steuer und fuhren einfach los. Sie waren mit ihren Vätern auf dem Verkehrsübungsplatz gewesen und hatten dort trainiert – oder sie wussten einfach durch ihr brennendes Interesse für motorisierte Gefährte von Kindesbeinen an (ihre Väter müssen ihnen jenes in die Wiege gelegt haben!), wie man einen PKW vom Fleck bewegt.

Mit dem Rucksack durch die Welt

Anfang der Neunziger Jahre sorgte ein spezielles Angebot der europäischen Bahngesellschaften für ein neues Jugendreisephänomen: Interrail. Von Finnland bis Marokko inkl. Fähre für 500 DM, in 30 Tagen 18 Länder und somit 15 000 Kilometer Strecke, das waren

Die angesagteste Art zu reisen: Interrail

die Superlative der knapp unter 20-jährigen. Offiziell galt das preiswerte Bahnticket bis 26 Jahre, doch die meisten Interrailer durften sich noch Teenager nennen und verreisten das erste Mal in ihrem Leben ohne Eltern. Aber dafür so richtig: weit, lang und abenteuerlich. Mehr oder weniger an den riesigen Tramper-Rucksack gekettet, in dem ein Zelt, der Gaskocher und die gute Aldi-Salami (als eiserne Notration!) Platz finden mussten, ging es auf dem schnellsten Weg raus aus Deutschland und hinaus in die Welt. Um Übernachtungen in Herbergen oder Hotels zu sparen, nahm man den nächstbesten Nachtzug, in dem ein unbequemes Nickerchen gehalten wurde, und auf den zahlreichen angesteuerten Bahnhöfen erkannte man sich an dem Rucksack-Monstrum untereinander schon von weitem. Wie eine große internationale Jugendbewegung fühlte es sich an, wenn abends beim Lagerfeuer am Strand zu den Klängen einer akustischen Gitarre „Under the Bridge" von den Red Hot Chili Peppers angestimmt und der Song aus voller Kehle gemeinsam geträllert wurde – ein französischer, italienischer und deutscher Akzent waren das mindeste, was dabei an Sprachenvielfalt herauszuhören war. Nach vier Wochen Abenteuerfahrt brachte man zahlreiche aufregende Reiseerinnerungen und einen Berg unbeschreiblich dreckiger Wäsche mit nach Hause. Letzterer trübte Mutters grenzenlose Erleichterung darüber, dass ihr Sprössling heile zurück war, nur unerheblich ...

Smells like teen spirit

Wir waren endlich 18 und fühlten uns, als würde das Leben von nun an nur noch aus unbegrenzten Möglichkeiten bestehen. Endlich Auto fahren, bis ultimo tanzen gehen und genüsslich die Gedanken an die ersten eigenen vier Wände weiterspinnen. Auf die Jungs kam die Entscheidung zwischen Bundeswehr und Zivildienst zu. Die Musterung war für viele das letzte Argument gegen den Dienst an der Waffe, andere wiederum sahen der einjährigen Pflichtausübung in Camouflage-Bekleidung freudig entgegen. Beide Dienste sollten eine Menge Schweiß und manchmal sogar Tränen kosten und die entscheidende, im Vorfeld unterschätzte letzte Etappe des Erwachsenwerdens darstellen.

Möglichst erwachsen rüberkommen: Bier und Zigaretten

Die Mädchen konnten sich entweder für einen freiwilligen sozialen Dienst entscheiden, sich aber auch gleich um einen Ausbildungsplatz kümmern oder mit Hürden wie der ZVS (Zentralstelle für die Vergabe von Studienplätzen) oder dem Numerus Clausus herumschlagen. Plötzlich war sie da, die heiß ersehnte Zukunft, und wir durften endlich selbst entscheiden, wie wir die Weichen für unser weiteres Leben stellen wollten. Zumindest theoretisch war dies so. Praktisch sahen wir uns mit tausend gut gemeinten Ratschlägen unserer Eltern konfrontiert, nicht selten auch mit massivem Erwartungsdruck, der die Freude über die Eigenverantwortlichkeit gehörig schmälern konnte. Bei weitem nicht alle ließen sofort mit der Volljährigkeit das Elternhaus hinter sich und wussten das „Hotel Mama" durchaus noch ein Weilchen zu schätzen. Vor allem, wenn man ein eigenes kleines Auto besaß und somit Unabhängigkeit pur genoss, war es nicht das Schlechteste, die Wäsche noch gemacht zu bekommen und sich um das Essen nicht selber kümmern zu müssen. Es war natürlich nicht so einfach, im Elternhaus mit dem festen Freund oder der festen Freundin ungestörte Zweisamkeit genießen zu können. Glücklich war, wer ein Zuhause mit halbwegs schalldichten Wänden oder sogar seinen eigenen kleinen Wohnbereich hatte. Umso wichtiger war dennoch die

Letzter Prüfungstag: Schulbank ade!

Beschallung durch schmalzige Rockballaden, denn man wollte den lauschenden Geschwistern ja kein Erfolgserlebnis gönnen, wenn man sich beim Knutschen ein wenig gehen ließ.

Es war jetzt alles im Begriff, irgendwie anders zu werden, und wir spürten, dass wir nicht nur viel Neues vor uns hatten, sondern uns auch von unserer Kindheit endgültig verabschieden mussten. Besonders, wer wegen eines Jobs oder für das Studium den Umzug in eine andere Stadt vorbereitete, sah seine Eltern und das vertraute Umfeld plötzlich mit anderen Augen. Eigentlich war es doch eine gute Zeit gewesen, auf die man jetzt als Kindheit und Jugend zurückblicken konnte. Dass wir eigentlich noch immer blutjung und längst nicht so erwachsen waren, wie wir uns mit 18 fühlten, wurde uns erst Jahre später beim Betrachten alter Fotos bewusst – manche hatten ja noch nicht einmal das letzte bisschen Babyspeck abgeworfen, als sie möglichst cool mit Kippe und Bier auf einer Fete für die Kamera posierten. Die Mode sollte noch einige Kapriolen schlagen und vor allem immer mehr Trends, auch Retro-Trends, gleichzeitig gelten lassen. Filzige Dreadlocks inklusive Batikhemd und Joint gehörten genauso zum Erscheinungsbild unseres Jahrgangs wie gegelte Popperfrisuren, Plateausohlen und Glitzer-Röckchen. „Smells like teen spirit" von Nirvana, der durchstartenden Grunge-Rockband aus Seattle, war die Hymne unserer letzten zwei, drei Jahre als Teenager. Als Kurt Cobain sich 1994 umbrachte, waren wir geschockt und auch wütend. Wie konnte man sein Leben einfach so wegwerfen? Noch dazu, wenn man so begnadete Musik machte? Wir hatten noch alles vor uns und wollten jetzt loslegen. Da war eine Menge Kraft und Lebensgier, aufzuhalten durch nichts und niemand. Bis zur Jahrtausendwende gab es schließlich noch einiges zu erledigen.